भीतर पाई जाने वाली सलाह और रणनीतियाँ हर स्थिति के लिए उपयुक्त नहीं हो सकती हैं। यह काम इस समझ के साथ बेचा जाता है कि इस पुस्तक में सलाह से अर्जित परिणामों के लिए न तो लेखक और न ही प्रकाशकों को जिम्मेदार ठहराया जाता है; यह काम बिटकॉइन पर पाठकों को शिक्षित करने के लिए है और निवेश सलाह प्रदान करने के लिए नहीं है। सभी छवियां लेखक की मूल संपत्ति हैं, कॉपीराइट-मुक्त जैसा कि छवि स्त्रोतों द्वारा कहा गया है, या संपत्ति धारकों की सहमति से उपयोग किया जाता है।

audepublishing.com

कॉपीराइट © 2024 ऑड पब्लिशिंग एलएलसी

सर्वाधिकार सुरक्षित।

प्रकाशकों की पूर्व लिखित अनुमति के बिना, प्रकाशकों की पूर्व लिखित अनुमति के बिना, इस प्रकाशन के किसी भी भाग को प्रकाशकों की पूर्व लिखित अनुमति के बिना किसी भी रूप में या किसी भी माध्यम से पुनरुत्पादित, वितरित या प्रसारित नहीं किया जा सकता है, सिवाय समीक्षाओं में सन्निहित संक्षिप्त उद्धरणों और कॉपीराइट कानून द्वारा अनुमत कुछ अन्य गैर-वाणिज्यिक उपयोगों के मामले को छोड़कर।

पहला पेपरबैक संस्करण सितंबर 2021।

ISBN 9798486794483 प्रिंट करें

परिचय

बिटकॉइन: उत्तर आम जनता द्वारा प्राप्त बिटकॉइन के आसपास की जानकारी के खंडित वेब को अलग करने hindiका एक प्रयास है। क्रिप्टोकरेंसी और बिटकॉइन के प्रति व्यक्तिगत दृष्टिकोण के बावजूद (जिनमें से अधिकांश, अध्ययन नहीं किए गए लोगों के लिए, या तो अत्यधिक आशावादी या अत्यधिक निंदक हैं), क्रिप्टोक्यूरेंसी की पहुंच इतनी दर से बढ़ रही है, और वित्तीय पारिस्थितिकी तंत्र में स्थापित की जा रही है ऐसी दर, कि बिटकॉइन के आधारभूत इतिहास, अवधारणाओं और व्यवहार्यता को कोई भी समझ नहीं रहा है कि यह बहुत अधिक हानिकारक है। उम्मीद है कि आपको यह जानकारी काफी आकर्षक लगेगी; बिटकॉइन पैसे और लेन-देन मूल्य के बारे में सोचने का एक बिल्कुल नया तरीका था। अंत तक, आप बिटकॉइन, डिजिटल मुद्राओं और ब्लॉकचेन के दायरे को समझेंगे; इनमें से कई प्रणालियां, जैसा कि ध्यान दिया जाना चाहिए, केवल इंद्रियों के सबसे ढीले में तुलनीय हैं, और इस तरह की तकनीक के संभावित और लागू उपयोग के मामले काफी आश्चर्यजनक हैं, विशेष रूप से यह देखते हुए कि आधी सदी पहले सोने के मानक से मुद्राओं को हटाने के बाद से फिएट मुद्रा का पारिस्थितिकी तंत्र थोड़ा बदल गया है। सभी क्रिप्टोकरेंसी को बिटकॉइन और बिटकॉइन को फ्रिंज बबल के रूप में सोचना गलत है; हाँ, बिटकॉइन परिपूर्ण से बहुत दूर है, लेकिन मूल्य के डिजिटलीकरण और विकेंद्रीकरण के लिए और भी बहुत कुछ है। यह पुस्तक इन सभी अवधारणाओं और अधिक को एक सरल, प्रश्न-आधारित प्रारूप के माध्यम से

निपटती है, जो "बिटकॉइन क्या है?" से शुरू होती है। अपने ज्ञान के अनुसार स्किम करने के लिए स्वतंत्र महसूस करें, या कवर-टू-कवर पढ़ने के लिए; किसी भी तरह से, मेरी आशा और मेरी टीम की आशा यह है कि आप इस पुस्तक को एक भावना, तकनीकी, ऐतिहासिक और वैचारिक दृष्टिकोण से बिटकॉइन की समझ के साथ-साथ निरंतर रुचि और अधिक जानने की इच्छा के साथ छोड़ दें। आगे के संसाधन पुस्तक के पीछे पाए जा सकते हैं।

अब, हम ज्ञान की महान खोज में आगे बढ़ते हैं।

किताब का आनंद लें।

बिटकॉइन क्या है?

बिटकॉइन कई चीजें हैं: एक ओपन-सोर्स, पीयर-टू-पीयर वैश्विक कंप्यूटर नेटवर्क, प्रोटोकॉल का एक संग्रह, एक डिजिटल सोना, प्रौद्योगिकी की एक नई बाल्टी में सबसे आगे, एक क्रिप्टोक्यूरेंसी। भौतिक में; बिटकॉइन 13,000 कंप्यूटर हैं जो विभिन्न प्रोटोकॉल और एल्गोरिदम चला रहे हैं। अवधारणा में, बिटकॉइन आसान और सुरक्षित लेनदेन का एक वैश्विक साधन है; एक लोकतांत्रिक बल, और पारदर्शी और गुमनाम वित्त दोनों का एक साधन। भौतिक और वैचारिक के बीच पुल में, बिटकॉइन एक क्रिप्टोकरेंसी है; मूल्य का एक साधन और भंडार जो बिना किसी भौतिक रूप के पूरी तरह से ऑनलाइन मौजूद है। हालाँकि, यह सब "पैसा क्या है?" का सवाल पूछने और "कागज के टुकड़ों" का जवाब देने जैसा है। बिटकॉइन से परिचित नहीं होने वाला जो उपरोक्त पैराग्राफ पढ़ता है, लगभग निश्चित रूप से उत्तर से अधिक प्रश्नों के साथ आएगा; इस कारण से, "बिटकॉइन क्या है?" का सवाल, संक्षेप में, इस पुस्तक का सवाल है, और प्रत्येक भाग के विश्लेषण के माध्यम से, आप उम्मीद कर सकते हैं कि आप पूरे की समझ पर पहुंच सकते हैं।

बिटकॉइन की शुरुआत किसने की?

सातोशी नाकामोतो वह व्यक्ति है, या संभवतः व्यक्तियों का समूह है, जिसने बिटकॉइन बनाया है। इस रहस्यमय आकृति के बारे में ज्यादा जानकारी नहीं है, और उसकी गुमनामी ने अनगिनत षड्यंत्र सिद्धांतों को जन्म दिया है। जबकि नाकामोटो ने खुद को जापान के 45 वर्षीय पुरुष के रूप में एक आधिकारिक पीयर-टू-पीयर फाउंडेशन वेबसाइट पर सूचीबद्ध किया है, वह अपने ईमेल में ब्रिटिश मुहावरों का उपयोग करता है। इसके अतिरिक्त, उनके काम के टाइमस्टैम्प अमेरिका या ब्रिटेन में स्थित किसी व्यक्ति के साथ बेहतर संरेखित होते हैं। अधिकांश का मानना है कि उनके लापता होने की योजना बनाई गई थी (कई लोगों ने उनके काम को बाइबिल के संदर्भों से जोड़ा है) और दूसरों का मानना है कि सीआईए जैसे एक सरकारी संगठन को उनके लापता होने से जोड़ा गया था। ये फ्रिंज सिद्धांतों से ज्यादा कुछ नहीं हैं; हालाँकि, जो तथ्य बना हुआ है वह यह है कि बिटकॉइन के निर्माता के पास वर्तमान में $70 बिलियन (1.1 मिलियन बिटकॉइन के बराबर) से अधिक का भाग्य है और यदि बिटकॉइन कुछ और सौ प्रतिशत ऊपर जाता है, तो यह अनाम अरबपति, क्रिप्टोकरेंसी का जनक, दुनिया का सबसे अमीर व्यक्ति होगा।

```
Bitcoin Genesis Block
Raw Hex Version
00000000  01 00 00 00 00 00 00 00  00 00 00 00 00 00 00 00  ................
00000010  00 00 00 00 00 00 00 00  00 00 00 00 00 00 00 00  ................
00000020  00 00 00 00 3B A3 ED FD  7A 7B 12 B2 7A C7 2C 3E  ....;£íýz{.²zÇ,>
00000030  67 76 8F 61 7F C8 1B C3  88 8A 51 32 3A 9F B8 AA  gv.a.È.Ã^ŠQ2:Ÿ¸ª
00000040  4B 1E 5E 4A 29 AB 5F 49  FF FF 00 1D 1D AC 2B 7C  K.^J)«_Iÿÿ...¬+|
00000050  01 01 00 00 00 01 00 00  00 00 00 00 00 00 00 00  ................
00000060  00 00 00 00 00 00 00 00  00 00 00 00 00 00 00 00  ................
00000070  00 00 00 00 00 00 FF FF  FF FF 4D 04 FF FF 00 1D  ......ÿÿÿÿM.ÿÿ..
00000080  01 04 45 54 68 65 20 54  69 6D 65 73 20 30 33 2F  ..EThe Times 03/
00000090  4A 61 6E 2F 32 30 30 39  20 43 68 61 6E 63 65 6C  Jan/2009 Chancel
000000A0  6C 6F 72 20 6F 6E 20 62  72 69 6E 6B 20 6F 66 20  lor on brink of
000000B0  73 65 63 6F 6E 64 20 62  61 69 6C 6F 75 74 20 66  second bailout f
000000C0  6F 72 20 62 61 6E 6B 73  FF FF FF FF 01 00 F2 05  or banksÿÿÿÿ..ò.
000000D0  2A 01 00 00 00 43 41 04  67 8A FD B0 FE 55 48 27  *....CA.gŠý°þUH'
000000E0  19 67 F1 A6 71 30 B7 10  5C D6 A8 28 E0 39 09 A6  .gñ¦q0·.\Ö¨(à9.¦
000000F0  79 62 E0 EA 1F 61 DE B6  49 F6 BC 3F 4C EF 38 C4  ybàê.aÞ¶Iö¼?Lï8Ä
00000100  F3 55 04 E5 1E C1 12 DB  5C 38 4D F7 BA 0B BD 57  óU.å.Á.Û\8M÷º.½W
00000110  8A 4C 70 2B 6B F1 1D 5F  AC 00 00 00 00           ŠLp+kñ._¬....
```

उपरोक्त दृश्य बिटकॉइन की उत्पत्ति (जिसका अर्थ है "पहला") ब्लॉक का प्रतिनिधित्व करता है। बिटकॉइन के संस्थापक (ओं), सातोशी नाकामोटो, कोड में एक संदेश इनपुट करते हैं जो निम्नानुसार पढ़ता है: "टाइम्स 03 / जनवरी / 2009 चांसलर बैंकों के लिए दूसरे बेलआउट के कगार पर।

---

[1] MikeG001 / सीसी द्वारा एसए 4.0

बिटकॉइन का मालिक कौन है?

यह विचार कि बिटकॉइन "स्वामित्व" है, केवल सबसे अधिक वितरित अर्थों में सही है। लगभग 20 मिलियन लोग सामूहिक रूप से दुनिया के सभी बिटकॉइन के मालिक हैं, लेकिन बिटकॉइन स्वयं, एक नेटवर्क के रूप में, स्वामित्व में नहीं हो सकता है।[2]

---

[2] तकनीकी रूप से, दुनिया भर में 20.5m मिलियन लोग बिटकॉइन में कम से कम $ 1 रखते हैं।

बिटकॉइन का इतिहास क्या है?

यह क्रिप्टोक्यूरेंसी, ब्लॉकचेन और बिटकॉइन का संक्षिप्त इतिहास है।

- 1991 में, पहली बार ब्लॉकों की एक क्रिप्टोग्राफिक रूप से सुरक्षित श्रृंखला की अवधारणा की गई थी।

- लगभग एक दशक बाद, 2000 में, स्टेगन नोस्ट ने क्रिप्टोग्राफी सुरक्षित श्रृंखलाओं पर अपना सिद्धांत प्रकाशित किया, साथ ही व्यावहारिक कार्यान्वयन के लिए विचार भी प्रकाशित किए।

- उसके 8 साल बाद, सातोशी नाकामोटो ने एक श्वेत पत्र जारी किया (एक श्वेत पत्र एक संपूर्ण रिपोर्ट और मार्गदर्शिका है) जिसने एक ब्लॉकचेन के लिए एक मॉडल स्थापित किया, और 2009 में नाकामोटो ने पहला ब्लॉकचेन लागू किया, जिसका उपयोग उनके द्वारा विकसित क्रिप्टोकरेंसी का उपयोग करके किए गए लेनदेन के लिए सार्वजनिक खाता बही के रूप में किया गया था, जिसे बिटकॉइन कहा जाता है।

- अंत में, 2014 में, ब्लॉकचैन के लिए उपयोग के मामले (उपयोग के मामले विशिष्ट स्थितियां हैं जिनमें किसी उत्पाद या सेवा का संभावित रूप से उपयोग किया जा सकता है) और ब्लॉकचेन नेटवर्क क्रिप्टोक्यूरेंसी के बाहर विकसित किए गए थे, इसलिए बिटकॉइन की संभावनाओं को व्यापक दुनिया में खोल दिया गया था।

कितने बिटकॉइन हैं?

बिटकॉइन की अधिकतम आपूर्ति 21 मिलियन सिक्कों की है। 2021 तक, प्रचलन में 18.7 मिलियन बिटकॉइन हैं, जिसका अर्थ है कि प्रचलन में आने के लिए केवल 2.3 मिलियन बचे हैं। उस संख्या में से, खनन पुरस्कारों के माध्यम से प्रत्येक दिन परिसंचारी आपूर्ति में 900 नए बिटकॉइन जोड़े जाते हैं।[3] खनन पुरस्कार कंप्यूटर को दिए गए पुरस्कार हैं जो बिटकॉइन लेनदेन को संसाधित और सत्यापित करने के लिए जटिल समीकरणों को हल करते हैं। इन कंप्यूटरों को चलाने वाले लोगों को "खनिक" कहा जाता है। कोई भी बिटकॉइन खनन शुरू कर सकता है; यहां तक कि एक बुनियादी पीसी एक नोड बन सकता है, जो नेटवर्क में एक कंप्यूटर है, और खनन शुरू कर सकता है।

---

[3] "कितने बिटकॉइन हैं? मेरे पास कितने बचे हैं? (2021)।
https://www.buybitcoinworldwide.com/how-many-bitcoins-are-there/ ।

बिटकॉइन कैसे काम करता है?

बिटकॉइन, और व्यावहारिक रूप से सभी क्रिप्टोकरेंसी, ब्लॉकचेन तकनीक के माध्यम से काम करती हैं।

ब्लॉकचैन, अपने सबसे बुनियादी रूप में, ब्लॉक की शाब्दिक श्रृंखलाओं में डेटा संग्रहीत करने के बारे में सोचा जा सकता है। आइए चलते हैं कि वास्तव में ब्लॉक और चेन कैसे चलन में आते हैं।

- प्रत्येक ब्लॉक डिजिटल जानकारी संग्रहीत करेगा, जैसे लेनदेन का समय, तिथि, राशि आदि।
- ब्लॉक को पता चल जाएगा कि किन पार्टियों ने आपकी "डिजिटल कुंजी" का उपयोग करके लेन-देन में भाग लिया, जो कि संख्याओं और अक्षरों की एक स्ट्रिंग है जो आपको एक वॉलेट खोलने पर प्राप्त होती है, जो आपके क्रिप्टो को रखती है।
- हालाँकि, ब्लॉक अपने दम पर काम नहीं कर सकते। ब्लॉक को नेटवर्क में अन्य कंप्यूटरों, उर्फ "नोड्स" से सत्यापन की आवश्यकता होती है।
- अन्य नोड्स एक ब्लॉक की जानकारी को मान्य करेंगे। एक बार जब वे डेटा को मान्य कर लेते हैं, और यदि सब कुछ अच्छा लगता है, तो ब्लॉक

और उसके द्वारा वहन किए जाने वाले डेटा को सार्वजनिक खाता बही में संग्रहीत किया जाएगा।

- सार्वजनिक खाता बही एक डेटाबेस है जो नेटवर्क पर किए गए हर एक अनुमोदित लेनदेन को रिकॉर्ड करता है। बिटकॉइन सहित अधिकांश क्रिप्टोकरेंसी का अपना सार्वजनिक खाता बही है।
- खाता बही में प्रत्येक ब्लॉक उस ब्लॉक से जुड़ा होता है जो इससे पहले आया था और उसके बाद आया ब्लॉक। इसलिए, ब्लॉक बनाने वाले लिंक एक श्रृंखला जैसा पैटर्न बनाते हैं। इसलिए, एक ब्लॉकचेन बनता है।

सारांश: ब्लॉक डिजिटल जानकारी का प्रतिनिधित्व करता है, और **श्रृंखला** दर्शाती है कि डेटाबेस में डेटा कैसे संग्रहीत किया जाता है।

इसलिए, हमारी पहले की परिभाषा को फिर से परिभाषित करने के लिए, ब्लॉकचेन एक नए प्रकार का डेटाबेस है। नीचे नेटवर्क में प्रत्येक ब्लॉक का एक विज़ुअलाइज्ड ब्रेकडाउन है।

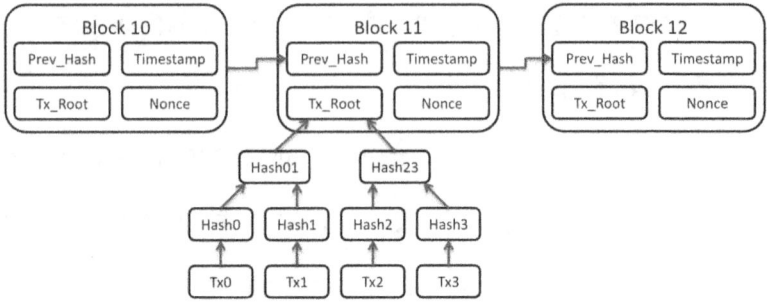

[4]

---

[4] मैथस वांडर / सीसी बाय-एसए 3.0

बिटकॉइन पते क्या हैं?

एक पता, जिसे सार्वजनिक कुंजी के रूप में भी जाना जाता है, संख्याओं और अक्षरों का एक अनूठा संग्रह है जो एक पहचान कोड के रूप में कार्य करता है, जो बैंक खाता संख्या या ईमेल पते (उदाहरण के लिए: 1BvBESEystWetqTFn3Au6u4FGg7xJaAQN5) के बराबर है। इसके साथ, आप ब्लॉकचेन पर लेनदेन कर सकते हैं। पते एक आधार ब्लॉकचेन से जुड़ते हैं; उदाहरण के लिए, एक बिटकॉइन पता बिटकॉइन नेटवर्क और ब्लॉकचेन पर स्थित है। पतों में गोल, रंगीन "लोगो" होते हैं जिन्हें एड्रेस आइडेंटिकॉन (या, बस, "आइकन") कहा जाता है। ये आइकन आपको जल्दी से देखने की अनुमति देते हैं कि आप सही पता इनपुट करते हैं या नहीं। हर बार जब आप क्रिप्टोक्यूरेंसी भेजते या प्राप्त करते हैं, तो आप एक संबद्ध पते का उपयोग करेंगे। पते, हालांकि, संपत्ति को स्टोर नहीं कर सकते हैं; वे केवल पहचानकर्ता के रूप में कार्य करते हैं जो बटुए की ओर इशारा करते हैं।

Bitcoin Address

SHARE

1DpQP4yKSGWXWrXNkmlYNYBTqEweuQcyYg

Private Key

SECRET

L4NhQX1DFJpFAJJYAHKkpukerqxtjF1XhvR5J2PQcnDparA2vD9M[5]

[5] bitaddress.org

बिटकॉइन नोड क्या है?

नोड एक ब्लॉकचेन के नेटवर्क से जुड़ा एक कंप्यूटर है, जो ब्लॉकचैन को ब्लॉक लिखने और मान्य करने में सहायता करता है। कुछ नोड्स अपने ब्लॉकचेन का पूरा इतिहास डाउनलोड करते हैं; इन्हें मास्टर्नोड्स कहा जाता है और नियमित नोड्स की तुलना में अधिक कार्य करते हैं। इसके अतिरिक्त, नोड्स किसी विशिष्ट नेटवर्क से बंधे नहीं हैं; नोड्स व्यावहारिक रूप से इच्छानुसार विभिन्न ब्लॉकचेन पर स्विच कर सकते हैं, जैसा कि मल्टीपूल माइनिंग के मामले में होता है। सामूहिक रूप से, बिटकॉइन और क्रिप्टोकरेंसी की संपूर्ण वितरित प्रकृति, साथ ही साथ कई अंतर्निहित ब्लॉकचेन और सुरक्षा सुविधाएँ, एक वैश्विक, नोड-आधारित प्रणाली की अवधारणा और उपयोग द्वारा सक्षम हैं।

बिटकॉइन के लिए समर्थन और प्रतिरोध क्या है?

यहां, हम तकनीकी विश्लेषण और बिटकॉइन के व्यापार में तल्लीन हैं: समर्थन एक सिक्के या टोकन की कीमत है जिस पर उस संपत्ति के गिरने की संभावना कम होती है क्योंकि बहुत से लोग उस कीमत पर संपत्ति खरीदने के इच्छुक हैं। अक्सर, यदि कोई सिक्का समर्थन स्तर को हिट करता है, तो यह एक अपट्रेंड में उलट जाएगा। यह आमतौर पर सिक्का खरीदने का एक अच्छा समय है, हालांकि अगर कीमत समर्थन स्तर से नीचे आती है, तो सिक्का दूसरे समर्थन स्तर तक नीचे गिरने की संभावना है। दूसरी ओर, प्रतिरोध एक ऐसी कीमत है जिसे किसी परिसंपत्ति को तोड़ना मुश्किल लगता है क्योंकि बहुत से लोगों को लगता है कि बेचने के लिए एक अच्छी कीमत है। कभी-कभी, प्रतिरोध का स्तर शारीरिक हो सकता है। उदाहरण के लिए, बिटकॉइन $ 50,000 पर प्रतिरोध को हिट कर सकता है, क्योंकि कई लोग सोच रहे थे "जब बिटकॉइन $ 50,000 हिट करता है, तो मैं बेच दूंगा। अक्सर, जब एक प्रतिरोध स्तर टूट जाता है, तो कीमत जल्दी से चढ़ सकती है। उदाहरण के लिए, यदि बिटकॉइन $50,000 से अधिक टूट जाता है, तो कीमत जल्दी से $55,000 तक चढ़ सकती है, जिस समय इसे अधिक

प्रतिरोध का सामना करना पड़ सकता है, और $50,000 तब नया समर्थन स्तर बन

सकता है।

6

---

[6] Akash98887 द्वारा CC BY-SA 4.0 छवि के आधार पर File:Support_and_resistance.png

आप बिटकॉइन चार्ट कैसे पढ़ते हैं?

यह एक बड़ा सवाल है; उत्तर देने के लिए, निम्नलिखित अनुभाग का उद्देश्य बिटकॉइन और अन्य क्रिप्टोकरेंसी को पढ़ने के लिए उपयोग किए जाने वाले सबसे लोकप्रिय प्रकार के चार्ट को तोड़ना होगा और साथ ही ऐसे चार्ट को कैसे पढ़ा जाए।

चार्ट आधार बनाते हैं जिसके द्वारा कीमतों की जांच की जा सकती है और पैटर्न पाया जा सकता है। चार्ट, एक स्तर पर, सरल हैं, और दूसरे पर, गहरे और जटिल हैं। हम मूल बातें से शुरू करेंगे; विभिन्न प्रकार के चार्ट और उनके विभिन्न उपयोग।

लाइन चार्ट

एक लाइन चार्ट एक चार्ट है जो एक एकल पंक्ति के माध्यम से मूल्य का प्रतिनिधित्व करता है। अधिकांश चार्ट लाइन चार्ट होते हैं क्योंकि उन्हें समझना बेहद आसान होता है, हालांकि उनमें लोकप्रिय विकल्पों की तुलना में कम जानकारी होती है। रॉबिनहुड और कॉइनबेस (जिनमें से दोनों कम अनुभवी निवेशकों की ओर अपनी सेवाओं को लक्षित करते हैं) में डिफ़ॉल्ट चार्ट प्रकार के रूप में लाइन चार्ट हैं, जबकि चार्ल्स श्वाब और बिनेंस जैसे अधिक अनुभवी

दर्शकों के उद्देश्य से संस्थान, डिफ़ॉल्ट रूप से अन्य चार्ट रूपों का उपयोग करते हैं।

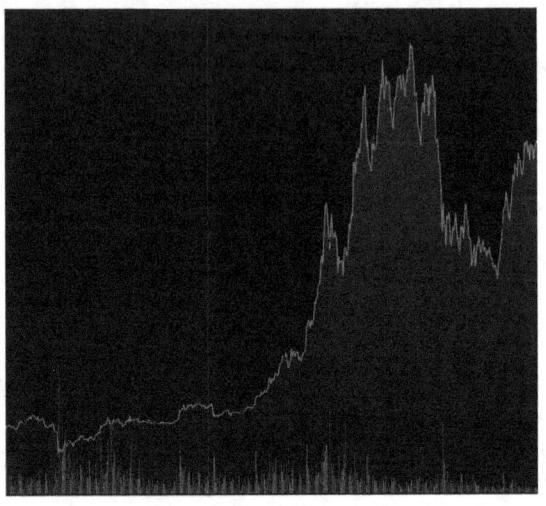

(tradingview.com) लाइन चार्ट

कैंडलस्टिक चार्ट

कैंडलस्टिक चार्ट एक सिक्के के बारे में जानकारी प्रदर्शित करने का एक अधिक उपयोगी रूप है; ऐसे चार्ट अधिकांश निवेशकों के लिए पसंद का चार्ट हैं। एक निश्चित अवधि के भीतर, कैंडलस्टिक चार्ट में एक विस्तृत "वास्तविक शरीर" होता है और अक्सर लाल या हरे रंग के रूप में दर्शाया जाता है (एक अन्य सामान्य रंग योजना खाली / सफेद और भरी हुई / काली वास्तविक शरीर है)।

यदि यह लाल (भरा हुआ) है, तो बंद खुले से कम था (जिसका अर्थ है कि यह नीचे चला गया)। यदि वास्तविक शरीर हरा (खाली) है, तो बंद खुले से अधिक था (जिसका अर्थ है कि यह ऊपर चला गया)। वास्तविक निकायों के ऊपर और नीचे "विक्स" हैं जिन्हें "छाया" के रूप में भी जाना जाता है। विक्स अवधि के व्यापार की उच्च और निम्न कीमतों को दिखाते हैं। इसलिए, हम जो जानते हैं, उसे मिलाकर, यदि ऊपरी बाती (उर्फ ऊपरी छाया) वास्तविक शरीर के करीब है, तो दिन के दौरान सिक्का या टोकन जितना अधिक पहुंचता है, वह समापन मूल्य के पास होता है। इसलिए, विपरीत भी लागू होता है। आपको कैंडलस्टिक चार्ट की ठोस समझ रखने की आवश्यकता होगी, इसलिए मेरा सुझाव है कि आप सहज होने के लिए tradingview.com जैसी साइट पर जाएं।

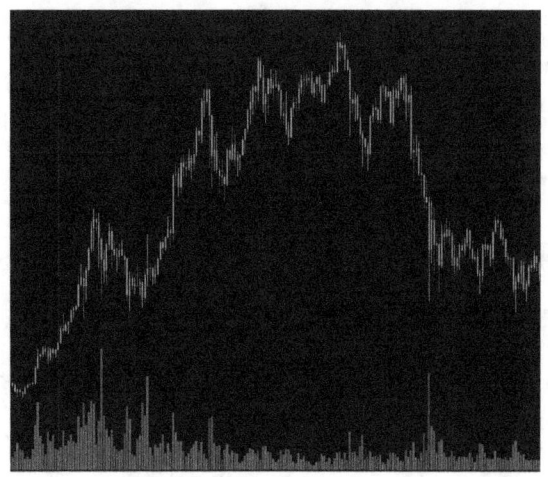

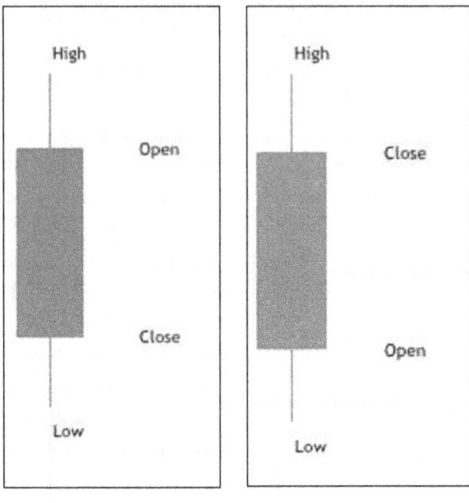

(tradingview.com)   Figure 11: Bearish Candle[xi]

कैंडलस्टिक चार्ट

रेन्को चार्ट

Renko चार्ट केवल प्राइस मूवमेंट दिखाते हैं और समय और वॉल्यूम को अनदेखा करते हैं। रेन्को जापानी शब्द "रेंगा" से आया है, जिसका अर्थ है "ईंटें। रेन्को चार्ट ईंटों (बक्से के रूप में भी जाना जाता है) का उपयोग करते हैं, आमतौर पर लाल/हरा या सफेद/काला। रेन्को बॉक्स केवल कार्यवाही बॉक्स के ऊपर या नीचे दाएं कोने पर बनते हैं, और अगला बॉक्स केवल तभी बन सकता है जब कीमत पिछले बॉक्स के ऊपर या नीचे से गुजरती है। उदाहरण के लिए, यदि पूर्वनिर्धारित राशि "$1" है (इसे कैंडलस्टिक चार्ट पर समय अंतराल के समान सोचें), तो अगला बॉक्स केवल तभी बन सकता है जब वह पिछले बॉक्स की कीमत से $1 ऊपर या $1 से नीचे चला जाता है। ये चार्ट यादृच्छिक मूल्य

कार्रवाई को हटाते हुए आसानी से समझने वाले पैटर्न में रुझानों को सरल और "सुचारू रूप से" करते हैं। यह तकनीकी विश्लेषण करना आसान बना सकता है क्योंकि समर्थन और प्रतिरोध स्तर जैसे पैटर्न बहुत अधिक स्पष्ट रूप से प्रदर्शित होते हैं।

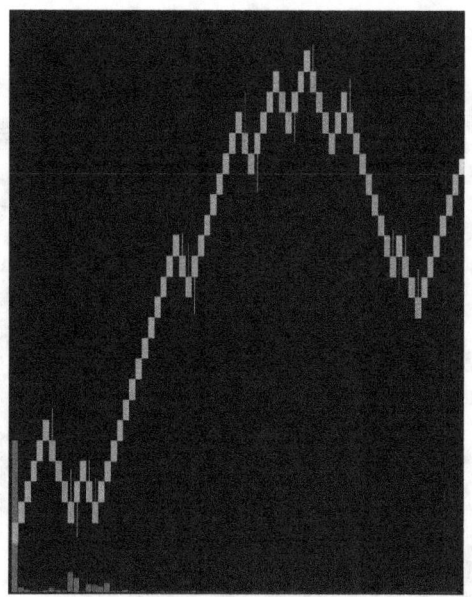

प्वाइंट & फिगर चार्ट

जबकि बिंदु और आंकड़ा (पी एंड एफ) चार्ट इस सूची के अन्य लोगों की तरह प्रसिद्ध नहीं हैं, उनके पास एक लंबा इतिहास है और अच्छे प्रवेश और निकास बिंदुओं की पहचान करने के लिए उपयोग किए जाने वाले सबसे सरल चार्टों में से एक के रूप में प्रतिष्ठा है। रेन्को चार्ट की तरह, P&F चार्ट सीधे समय बीतने

का हिसाब नहीं देते हैं। बल्कि, Xs और Os स्तंभों में ढेर हो जाते हैं; प्रत्येक अक्षर एक चुने हुए मूल्य आंदोलन का प्रतिनिधित्व करता है (रेन्को चार्ट में ब्लॉक की तरह)। Xs एक बढ़ती कीमत का प्रतिनिधित्व करता है, और Os एक गिरती कीमत का प्रतिनिधित्व करता है। इस क्रम को देखें:

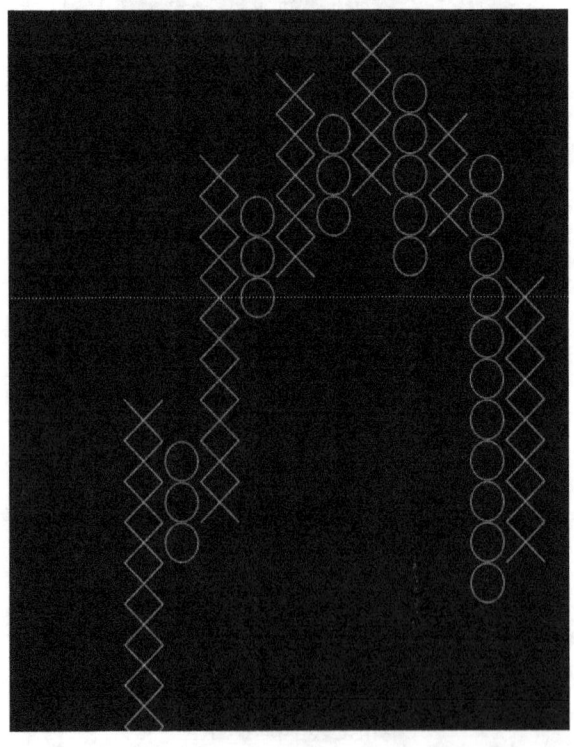

मान लें कि चुना गया मूल्य आंदोलन $10 है। हमें नीचे बाईं ओर से शुरू करना चाहिए: 3 Xs इंगित करते हैं कि कीमत $30 बढ़ी, 2 Os $20 की गिरावट का संकेत देते हैं, और फिर अंतिम 2 Xs $20 की वृद्धि का प्रतिनिधित्व करते हैं। समय अप्रासंगिक है।

हेइकन-आशी चार्ट

हेइकिन-आशी (hik-in-aw-she) चार्ट कैंडलस्टिक चार्ट का एक सरल, चिकना संस्करण है। वे कैंडलस्टिक चार्ट, (मोमबत्तियां, विक्स, छाया, आदि) के रूप में लगभग उसी तरह कार्य करते हैं, सिवाय एचए चार्ट एक के बजाय दो अवधियों में चिकनी मूल्य डेटा। यह, अनिवार्य रूप से, हेइकिन-आशी को कई व्यापारियों बनाम कैंडलस्टिक चार्ट के लिए बेहतर बनाता है क्योंकि पैटर्न और रुझान अधिक आसानी से देखे जा सकते हैं, और झूठे संकेत (छोटे, अर्थहीन चालें) बड़े हिस्से में छोड़े जाते हैं। उस ने कहा, सरल उपस्थिति कैंडलस्टिक्स के सापेक्ष कुछ डेटा को अस्पष्ट करती है, जो आंशिक रूप से यही कारण है कि हेकिन-आशिस ने अभी तक कैंडलस्टिक्स को प्रतिस्थापित नहीं किया है। इसलिए, मेरा सुझाव है कि आप दोनों चार्ट प्रकारों के साथ प्रयोग करें और यह पता लगाएं कि आपकी शैली और रुझानों को समझने की क्षमता के लिए सबसे उपयुक्त क्या है।

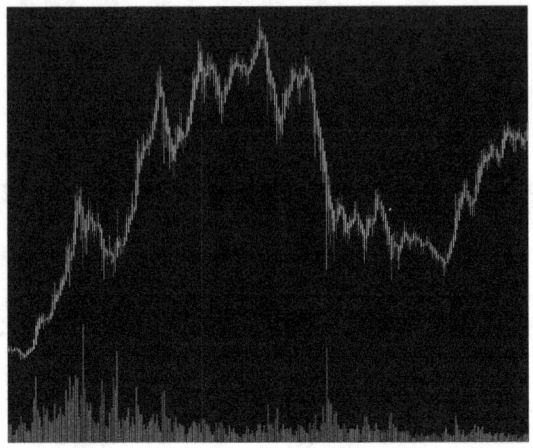

tradingview.com

ए: ध्यान दें कि हेइकिन-आशी चार्ट पर रुझान कैंडलस्टिक चार्ट की तुलना में चिकनी और अधिक स्पष्ट हैं।

चार्टिंग संसाधन

ट्रेडिंग व्यू

tradingview.com (सर्वश्रेष्ठ समग्र, सर्वश्रेष्ठ सामाजिक)

कॉइनमार्केटकैप

coinmarketcap.com (सरल, आसान)

क्रिप्टोवॉच

cryptowat.ch (बहुत स्थापित, बॉट्स के लिए सर्वश्रेष्ठ)

क्रिप्टोव्यू

cryptoview.com (बहुत अनुकूलन योग्य)

चार्ट पैटर्न वर्गीकरण

चार्ट पैटर्न को भूमिका और उद्देश्य को जल्दी से समझने के लिए वर्गीकृत किया जाता है। यहाँ ऐसे कुछ वर्गीकरण दिए गए हैं:

तेजी

सभी बुलिश पैटर्न के परिणामस्वरूप परिणाम उल्टा होने की संभावना है, इसलिए, उदाहरण के लिए, बुलिश पैटर्न के परिणामस्वरूप 10% अपट्रेंड हो सकता है.

मंदी

सभी मंदी के पैटर्न के परिणामस्वरूप परिणाम नकारात्मक पक्ष के अनुकूल होने की संभावना है, इसलिए, उदाहरण के लिए, एक मंदी के पैटर्न के परिणामस्वरूप 10% डाउनट्रेंड हो सकता है।

मोमबत्तीदान

कैंडलस्टिक पैटर्न विशेष रूप से कैंडलस्टिक चार्ट पर लागू होते हैं, सभी चार्ट पर नहीं। ऐसा इसलिए है क्योंकि कैंडलस्टिक पैटर्न उन सूचनाओं पर भरोसा करते हैं जो केवल एक मोमबत्ती (शरीर और बाती) प्रारूप में आ सकती हैं।

बार/मोमबत्तियों की संख्या

एक पैटर्न में बार या मोमबत्तियों की संख्या आमतौर पर तीन से अधिक नहीं होती है।

निरंतरता

निरंतरता पैटर्न संकेत देते हैं कि पूर्व-पैटर्न प्रवृत्ति जारी नहीं रहने की तुलना में अधिक संभावना है। इसलिए, उदाहरण के लिए, यदि निरंतरता पैटर्न X एक अपट्रेंड के शीर्ष पर बनता है, तो अपट्रेंड जारी रहने की संभावना है।

ब्रेकआउट

ब्रेकआउट प्रतिरोध से ऊपर या समर्थन के नीचे एक कदम है। ब्रेकआउट पैटर्न से संकेत मिलता है कि ऐसा कदम संभावित है। उस ब्रेकआउट की दिशा पैटर्न के लिए विशिष्ट है।

व्यतिरेक

एक उलटफेर कीमत की दिशा में बदलाव है। एक रिवर्सल पैटर्न इंगित करता है कि कीमत की दिशा बदलने की संभावना है (इसलिए, एक अपट्रेंड एक डाउनट्रेंड बन जाएगा, और एक डाउनट्रेंड एक अपट्रेंड बन जाएगा)।

बिटकॉइन वॉलेट किस प्रकार के हैं?

वॉलेट की कई अलग-अलग श्रेणियां मौजूद हैं और सुरक्षा, उपयोगिता और पहुंच में भिन्न हैं:

एक. *पेपर वॉलेट।* एक पेपर वॉलेट निजी जानकारी (सार्वजनिक कुंजी, निजी कुंजी और बीज वाक्यांश) के भंडारण को परिभाषित करता है, जैसा कि नाम से ही स्पष्ट है, कागज। यह काम करता है क्योंकि कोई भी सार्वजनिक और निजी कुंजी जोड़ी वॉलेट बना सकती है; कोई ऑनलाइन इंटरफ़ेस की आवश्यकता नहीं है। डिजिटल जानकारी के भौतिक भंडारण को ऑनलाइन भंडारण के किसी भी रूप की तुलना में अधिक सुरक्षित माना जाता है, क्योंकि ऑनलाइन सुरक्षा संभावित सुरक्षा खतरों का सामना करती है, जबकि भौतिक संपत्ति को ठीक से प्रबंधित होने पर घुसपैठ के कुछ खतरों का सामना करना पड़ता है। बिटकॉइन पेपर वॉलेट बनाने के लिए, कोई भी सार्वजनिक पता और एक निजी कुंजी उत्पन्न करने के लिए bitaddress.org पर जा सकता है, और फिर जानकारी प्रिंट कर सकता है। क्यूआर कोड और की स्ट्रिंग का उपयोग लेनदेन की सुविधा के लिए किया जा सकता है। हालांकि, अल्ट्रा-सिक्योर ऑनलाइन विकल्पों के सापेक्ष पेपर वॉलेट धारकों (पानी की क्षति, आकस्मिक हानि, अस्पष्टता) के सामने आने

वाली चुनौतियों को देखते हुए, पेपर वॉलेट को अब महत्वपूर्ण क्रिप्टोक्यूरेंसी होल्डिंग्स के प्रबंधन में उपयोग के लिए अनुशंसित नहीं किया जाता है।

दो. *हॉट वॉलेट/कोल्ड वॉलेट।* एक हॉट वॉलेट एक वॉलेट को संदर्भित करता है जो इंटरनेट से जुड़ा होता है; इसके विपरीत, कोल्ड स्टोरेज, एक वॉलेट को संदर्भित करता है जो इंटरनेट से जुड़ा नहीं है। हॉट वॉलेट खाते के मालिक को टोकन भेजने और प्राप्त करने की अनुमति देते हैं; हालांकि, कोल्ड स्टोरेज गर्म भंडारण की तुलना में अधिक सुरक्षित है और बिना किसी जोखिम के पेपर वॉलेट के कई लाभ प्रदान करता है। अधिकांश एक्सचेंज उपयोगकर्ताओं को कुछ बटनों के प्रेस के साथ हॉट वॉलेट (जो डिफ़ॉल्ट है) से कोल्ड वॉलेट में होल्डिंग्स को स्थानांतरित करने की अनुमति देते हैं (कॉइनबेस कोल्ड / ऑफलाइन स्टोरेज को "वॉल्ट" के रूप में संदर्भित करता है)। कोल्ड स्टोरेज से होल्डिंग वापस लेने के लिए कुछ दिनों की आवश्यकता होती है, जो गर्म भंडारण और कोल्ड स्टोरेज की पहुंच बनाम सुरक्षा गतिशीलता पर वापस आ जाती है। यदि आप लंबी अवधि के लिए क्रिप्टो संपत्ति रखने में रुचि रखते हैं, तो आपके एक्सचेंज के भीतर कोल्ड स्टोरेज जाने का रास्ता है। यदि आप सक्रिय रूप से व्यापार करने या होल्डिंग्स के व्यापार में संलग्न होने की योजना बनाते हैं, तो कोल्ड स्टोरेज एक व्यवहार्य विकल्प नहीं है।

तीन. *हार्डवेयर वॉलेट।* हार्डवेयर वॉलेट सुरक्षित भौतिक उपकरण हैं जो आपकी निजी कुंजी को संग्रहीत करते हैं। यह विकल्प कुछ हद तक ऑनलाइन एक्सेसिबिलिटी की अनुमति देता है (क्योंकि हार्डवेयर वॉलेट होल्डिंग्स तक पहुंचना बहुत आसान बनाते हैं) को स्टोरेज के साधन के साथ जोड़ा जा सकता है जो इंटरनेट से कनेक्ट नहीं है और इसलिए, अधिक सुरक्षित है। कुछ लोकप्रिय हार्डवेयर वॉलेट, जैसे कि लेजर (एलedger.com) यहां तक कि ऐसे ऐप भी पेश करते हैं जो सुरक्षा से समझौता किए बिना हार्डवेयर वॉलेट के साथ मिलकर काम करते हैं। कुल मिलाकर, हार्डवेयर वॉलेट गंभीर और दीर्घकालिक धारकों के लिए एक बढ़िया विकल्प है, हालांकि भौतिक सुरक्षा का हिसाब होना चाहिए; इस तरह के वॉलेट, साथ ही पेपर वॉलेट, बैंकों या उच्च अंत भंडारण समाधानों में सबसे अच्छा संग्रहीत होते हैं।

क्या बिटकॉइन माइनिंग लाभदायक है?

यह निश्चित रूप से हो सकता है। बिटकॉइन माइनर रेंटल के लिए निवेश पर औसत वार्षिक रिटर्न उच्च-एकल अंकों से लेकर निम्न-दोहरे अंकों तक भिन्न होता है, जबकि स्व-प्रबंधित बिटकॉइन खनन के लिए आरओआई दोहरे अंकों में भिन्न होता है (इस पर एक संख्या डालने के लिए, सालाना 20% से 150% की उम्मीद की जा सकती है, जबकि 40% से 80% सामान्य है)। किसी भी तरह से, यह रिटर्न ऐतिहासिक शेयर बाजार और 10% के रियल एस्टेट रिटर्न को हरा देता है। हालांकि, बिटकॉइन खनन अस्थिर और महंगा है, और कारकों का एक दल प्रत्येक व्यक्ति के रिटर्न को प्रभावित करता है। अगले प्रश्न में, हम बिटकॉइन खनन लाभप्रदता के कारकों की जांच करेंगे, जो अनुमानित रिटर्न में बेहतर अंतर्दृष्टि प्रदान करते हैं, साथ ही साथ कुछ महीने और खनिक असाधारण रूप से अच्छा प्रदर्शन क्यों करते हैं, और कुछ नहीं करते हैं।

बिटकॉइन खनन लाभप्रदता को क्या प्रभावित करता है?

बिटकॉइन खनन की संभावित लाभप्रदता निर्धारित करने के लिए निम्नलिखित चर आवश्यक हैं:

क्रिप्टोकरेंसी की कीमत। प्रमुख प्रभावित करने वाला कारक दी गई क्रिप्टोक्यूरेंसी संपत्ति की कीमत है। बिटकॉइन की कीमत में 2 गुना वृद्धि के परिणामस्वरूप खनन लाभ 2 गुना हो जाता है (क्योंकि अर्जित किए जा रहे बिटकॉइन की मात्रा समान रहती है, जबकि बराबर मूल्य में परिवर्तन होता है), जबकि 50% की गिरावट के परिणामस्वरूप आधा मुनाफा होता है। क्रिप्टोकरेंसी और विशेष रूप से बिटकॉइन की अस्थिर प्रकृति को देखते हुए, कीमत पर विचार करने की आवश्यकता है। आम तौर पर, हालांकि, यदि आप लंबे समय में बिटकॉइन और क्रिप्टोकरेंसी में विश्वास करते हैं, तो मूल्य परिवर्तन आपको प्रभावित नहीं करना चाहिए क्योंकि आपका ध्यान दीर्घकालिक इक्विटी बनाने पर होगा, जो केवल इस सूची के अन्य कारकों के अनुसार बदल सकता है।

हैश रेट और कठिनाई। हैशरेट वह गति है जिस पर समीकरणों को हल किया जाता है और ब्लॉक पाए जाते हैं। खनिकों के लिए हैश दर मोटे तौर पर कमाई के बराबर होती है, और सिस्टम में प्रवेश करने वाले अधिक खनिक (इस प्रकार

नेटवर्क की हैश दर और संबंधित खनन "कठिनाई" में वृद्धि होती है जो एक मीट्रिक है जो बताता है कि ब्लॉक को खदान करना कितना कठिन है) प्रति-खनिक हैश शेयर को पतला करता है और इसलिए लाभप्रदता। इस तरह, प्रतिस्पर्धा कठिनाई और हैश दर के माध्यम से लाभ को कम करती है।

बिजली की कीमत। जैसे-जैसे खनन प्रक्रिया अधिक कठिन होती जाती है, बिजली की आवश्यकताएं भी बढ़ती जाती हैं। बिजली की कीमत लाभप्रदता में एक प्रमुख खिलाड़ी बन सकती है।

पड़ाव। हर 4 साल में, बिटकॉइन में प्रोग्राम किए गए ब्लॉक पुरस्कारों को सिक्कों की आमद और कुल आपूर्ति को कम करने के लिए आधा कर दिया जाता है। वर्तमान में (13 मई, 2020 से और 2024 तक चलने वाले), माइनर पुरस्कार 6.25 बिटकॉइन प्रति ब्लॉक हैं। हालांकि, 2024 में, ब्लॉक पुरस्कार 3.125 बिटकॉइन प्रति ब्लॉक तक गिर जाएंगे, और इसी तरह। इस तरीके से, दीर्घकालिक खनन पुरस्कारों में गिरावट आनी चाहिए जब तक कि प्रत्येक सिक्के का मूल्य ब्लॉक पुरस्कारों में कमी के रूप में अधिक या अधिक मूल्य में वृद्धि न हो।

हार्डवेयर लागत। बेशक, बिटकॉइन को माइन करने के लिए आवश्यक हार्डवेयर की वास्तविक कीमत लाभ और आरओआई में एक बड़ी भूमिका निभाती है। खनन को सामान्य पीसी पर आसानी से स्थापित किया जा सकता है (यदि आपके पास एक है, तो nicehash.com देखें); उस ने कहा, पूर्ण रिग्स स्थापित

करने में मदरबोर्ड, सीपीयू, ग्राफिक्स कार्ड, जीपीयू, रैम, एएसआईसी, और बहुत कुछ की लागत शामिल है। आसान तरीका केवल पूर्व-निर्मित रिग्स खरीदना है, लेकिन इसमें प्रीमियम का भुगतान करना शामिल है। अपना खुद का बनाना पैसे बचाता है, लेकिन तकनीकी ज्ञान की भी आवश्यकता होती है; आम तौर पर, डू-इट-योरसेल्फ विकल्पों की कीमत कम से कम $ 3,000 होती है, लेकिन आम तौर पर $ 10,000 के करीब। बिटकॉइन और क्रिप्टोक्यूरेंसी खनन के तेजी से बदलते माहौल में संभावित रिटर्न का एक अच्छा अनुमान लगाने के लिए इन सभी हार्डवेयर कारकों पर विचार किया जाना चाहिए।

इस प्रश्न को समाप्त करने के लिए, खनन लाभप्रदता को प्रभावित करने वाले चर कई हैं और तेजी से परिवर्तन के अधीन हैं, और संभावित कमाई सस्ती बिजली तक पहुंच वाले बड़े खेतों की ओर पक्षपाती है। उस ने कहा, क्रिप्टो खनन निश्चित रूप से अभी भी बहुत अधिक लाभदायक है, और रिटर्न (बाजार-व्यापी पतन की संभावना को छोड़कर) काफी समय से अपेक्षित शेयर बाजार रिटर्न या अधिकांश अन्य परिसंपत्ति वर्गों में सामान्य रिटर्न से बहुत आगे रहेगा।

क्या वास्तविक, भौतिक बिटकॉइन हैं?

भौतिक बिटकॉइन नहीं हैं, और संभवतः कभी नहीं होंगे; इसे एक कारण से "डिजिटल मुद्रा" कहा जाता है। उस ने कहा, बिटकॉइन की पहुंच समय के साथ बेहतर एक्सचेंजों, बिटकॉइन एटीएम, बिटकॉइन डेबिट और क्रेडिट कार्ड और अन्य सेवाओं के माध्यम से बढ़ेगी। उम्मीद है, एक दिन बिटकॉइन और अन्य क्रिप्टोकरेंसी भौतिक मुद्राओं के रूप में उपयोग करना आसान होगा।

क्या बिटकॉइन घर्षण रहित है?

एक घर्षण रहित बाजार एक आदर्श व्यापारिक वातावरण है जिसमें लेनदेन पर कोई लागत या प्रतिबंध नहीं होता है। बिटकॉइन का बाजार (जोड़े से मिलकर), जबकि घर्षण रहित (विशेष रूप से वैश्विक धन हस्तांतरण के संबंध में) की सड़क पर, वास्तव में वहां होने के करीब नहीं है।

HTTPS://LibertyTreeCS.New YorkPet.org/2016/03/Is-Bitcoin-Really-Frictionless/

क्या बिटकॉइन निमोनिक वाक्यांशों का उपयोग करता है?

एक स्मरक वाक्यांश एक बीज वाक्यांश के बराबर शब्द है; दोनों 12-से-24-शब्द अनुक्रमों का प्रतिनिधित्व करते हैं जो पर्स की पहचान और प्रतिनिधित्व करते हैं। इसे बैकअप पासवर्ड के रूप में सोचें; इसके साथ, आप कभी भी अपने खाते तक पहुंच नहीं खो सकते। दूसरी तरफ, यदि आप इसे भूल जाते हैं, तो इसे रीसेट करने या इसे वापस पाने का कोई तरीका नहीं है और किसी और के पास आपके बटुए तक पहुंच है। सभी वॉलेट जिनके भीतर आप बिटकॉइन रख सकते हैं, स्मरक वाक्यांशों का उपयोग करते हैं; आपको इन वाक्यांशों को हमेशा सुरक्षित और निजी स्थान पर रखना चाहिए; कागज पर सबसे अच्छा है, एक तिजोरी या तिजोरी में कागज पर सबसे अच्छा।

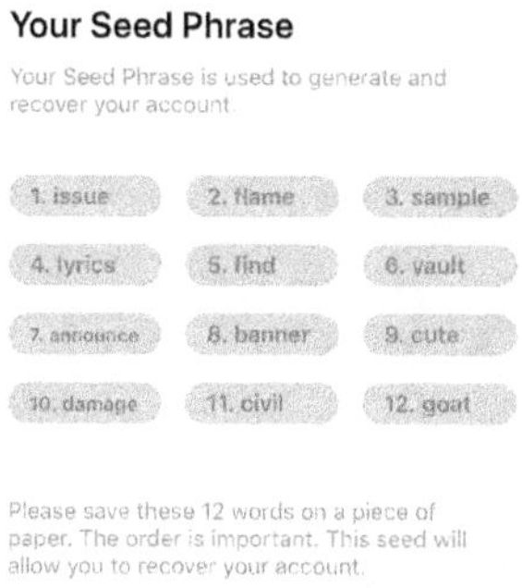

Your Seed Phrase
Your Seed Phrase is used to generate and recover your account.
1. issue
2. flame
3. sample
4. lyrics
5. find
6. vault
7. announce
8. banner
9. cute
10. damage
11. civil
12. goat
Please save these 12 words on a piece of paper. The order is important. This seed will allow you to recover your account.

[7]

[7] FlippyFlink / सीसी द्वारा एसए 4.0 लाइसेंस
File:Creating-Atala_PRISM-crypto_wallet-seed_phrase.png

यदि आप इसे गलत पते पर भेजते हैं तो क्या आप अपना बिटकॉइन वापस प्राप्त कर सकते हैं?

धनवापसी पता एक वॉलेट पता है जो लेनदेन विफल होने की स्थिति में बैकअप के रूप में काम कर सकता है। यदि ऐसी कोई घटना होती है, तो निर्दिष्ट धनवापसी पते पर चार्जबैक दिया जाता है। यदि आपको कभी भी धनवापसी पता प्रदान करने की आवश्यकता हो, तो सुनिश्चित करें कि पता सही है और आपके द्वारा भेजे जा रहे टोकन प्राप्त कर सकते हैं।

क्या बिटकॉइन सुरक्षित है?

बिटकॉइन, एक अंतर्निहित सिस्टम ब्लॉकचेन नेटवर्क द्वारा शासित है, निम्नलिखित कारणों से दुनिया की सबसे सुरक्षित प्रणालियों में से एक है:

एक. *बिटकॉइन सार्वजनिक है।* बिटकॉइन, कई क्रिप्टोकरेंसी की तरह, एक सार्वजनिक खाता बही है जो सभी लेनदेन को रिकॉर्ड करता है। चूंकि बिटकॉइन के स्वामित्व और व्यापार के लिए कोई निजी जानकारी प्रदान नहीं की जानी चाहिए और सभी लेनदेन की जानकारी ब्लॉकचेन पर सार्वजनिक है, घुसपैठियों के पास हैक करने या चोरी करने के लिए कुछ भी नहीं है; बिटकॉइन नेटवर्क को हैक करने और मुनाफा कमाने का एकमात्र विकल्प (विफलता के मानवीय बिंदुओं को छोड़कर, जैसे कि एक्सचेंज हमलों और खोए हुए पासवर्ड को छोड़कर; हम बिटकॉइन पर ही ध्यान केंद्रित कर रहे हैं) 51% हमला है, जो बिटकॉइन के पैमाने पर व्यावहारिक रूप से असंभव है। "सार्वजनिक" होने के नाते बिटकॉइन को अनुमति रहित होने में भी संबंध है; कोई भी इसे नियंत्रित नहीं करता है, और इसलिए कोई व्यक्तिपरक या विलक्षण दृष्टिकोण पूरे नेटवर्क को प्रभावित नहीं कर सकता है (नेटवर्क में बाकी सभी की सहमति के बिना)।

दो. *बिटकॉइन विकेंद्रीकृत है।* बिटकॉइन वर्तमान में 10,000 नोड्स के माध्यम से संचालित होता है, जिनमें से सभी सामूहिक रूप से लेनदेन

को मान्य करने के लिए काम करते हैं।[8] चूंकि पूरा नेटवर्क लेनदेन को मान्य करता है, इसलिए लेनदेन को बदलने या नियंत्रित करने का कोई तरीका नहीं है (जब तक, फिर से, नेटवर्क का 51% नियंत्रित नहीं होता है)। इस तरह का हमला, जैसा कि उल्लेख किया गया है, व्यावहारिक रूप से असंभव है; बिटकॉइन की वर्तमान कीमत पर, एक हमलावर को एक दिन में लाखों डॉलर खर्च करने और कम्प्यूटेशनल संसाधनों की मात्रा को नियंत्रित करने की आवश्यकता होगी जो बस उपलब्ध नहीं है।[9] इसलिए, डेटा सत्यापन की विकेन्द्रीकृत प्रकृति बिटकॉइन को बेहद सुरक्षित बनाती है।

तीन. *बिटकॉइन अपरिवर्तनीय है।* एक बार नेटवर्क में लेनदेन की पुष्टि हो जाने के बाद, उन्हें बदलना संभव नहीं है क्योंकि प्रत्येक ब्लॉक (एक ब्लॉक नए लेनदेन का एक बैच है) इसके दोनों ओर ब्लॉक से जुड़ा होता है, इसलिए एक परस्पर श्रृंखला का निर्माण होता है। एक बार लिखे जाने के बाद, ब्लॉक को संशोधित नहीं किया जा सकता है। ये दो कारक, संयोजन में, डेटा परिवर्तन को रोकते हैं, और अधिक सुरक्षा सुनिश्चित करते हैं।

---

[8] "बिट्नोड्स: ग्लोबल बिटकॉइन नोड्स डिस्ट्रीब्यूशन। https://bitnodes.io/। 30 अगस्त 2021 को एक्सेस किया गया।

[9] "आपको एक दिन के लिए बिटकॉइन पर हमला करने के लिए $ 21 मिलियन की आवश्यकता होगी - डिक्रिप्ट। 31 जनवरी 2020, https://decrypt.co/18012/you-would-need-21-million-to-attack-bitcoin-for-a-day। 30 अगस्त 2021 को एक्सेस किया गया।

चार.   *बिटकॉइन हैशिंग प्रक्रिया का उपयोग करता है।* हैश एक ऐसा फ़ंक्शन है जो एक मान को दूसरे में परिवर्तित करता है; क्रिप्टो दुनिया में एक हैश अक्षरों और संख्याओं (एक स्ट्रिंग) के इनपुट को एक निश्चित आकार के एन्क्रिप्टेड आउटपुट में परिवर्तित करता है। हैश एन्क्रिप्शन के साथ मदद करते हैं क्योंकि प्रत्येक हैश को "हल" करने के लिए एक अत्यंत जटिल गणितीय समस्या को हल करने के लिए पीछे की ओर काम करने की आवश्यकता होती है; इसलिए, इन समीकरणों को हल करने की क्षमता विशुद्ध रूप से कम्प्यूटेशनल शक्ति पर आधारित है। हैशिंग के निम्नलिखित लाभ हैं: डेटा संकुचित है, हैश मूल्यों की तुलना की जा सकती है (जैसा कि अपने मूल रूप में डेटा की तुलना करने के विपरीत), और हैशिंग फ़ंक्शन डेटा ट्रांसमिशन (विशेष रूप से पैमाने पर) के सबसे सुरक्षित और उल्लंघन-सबूत साधनों में से एक हैं।

क्या बिटकॉइन खत्म हो जाएगा?

यह निर्भर करता है कि "रन आउट" से आपका क्या मतलब है। प्रत्येक वर्ष नेटवर्क में जोड़े गए बिटकॉइन की राशि, निरपवाद रूप से, समाप्त हो जाएगी। हालांकि, उस बिंदु पर, विभिन्न आपूर्ति तंत्र (बिटकॉइन के खनन इनाम होने के विपरीत) पर कब्जा कर लेंगे और व्यापार सामान्य रूप से चलेगा। इस अर्थ में, बिटकॉइन को कभी भी बाहर नहीं निकलना चाहिए।

बिटकॉइन का क्या मतलब है?

Bitcoin का प्राथमिक मूल्य निम्नलिखित अनुप्रयोगों से आता है: मूल्य के भंडार और निजी, वैश्विक और सुरक्षित लेनदेन के साधन के रूप में। यह, संक्षेप में, बिटकॉइन का बिंदु है; एक उद्देश्य जिसे काफी सफलतापूर्वक निष्पादित किया गया था, इसके ऐतिहासिक रिटर्न और 300,000 या तो दैनिक लेनदेन को देखते हुए।

आप 5 साल के बच्चे को बिटकॉइन कैसे समझाएंगे?

Bitcoin कंप्यूटर से पैसा है जिसका उपयोग लोग चीजों को खरीदने और बेचने या अधिक पैसा बनाने के लिए कर सकते हैं। बिटकॉइन ब्लॉकचेन की वजह से काम करता है। ब्लॉकचेन एक ऐसा उपकरण है जो कई अलग-अलग लोगों को मूल्यवान जानकारी या धन को सुरक्षित रूप से पारित करने की अनुमति देता है, बिना किसी और को उनके लिए ऐसा करने की आवश्यकता होती है।

क्या बिटकॉइन एक कंपनी है?

बिटकॉइन एक कंपनी नहीं है। यह एल्गोरिदम चलाने वाले कंप्यूटरों का एक नेटवर्क है। हालांकि, समय के साथ सॉफ्टवेयर और हार्डवेयर की प्रगति को देखते हुए और बिटकॉइन की पुरातनता को रोकने के लिए, कोड और एल्गोरिदम के अपडेट की अनुमति देने के लिए नेटवर्क में एक मतदान प्रणाली लागू की गई थी। मतदान प्रणाली पूरी तरह से ओपन-सोर्स और सर्वसम्मति-आधारित है, जिसका अर्थ है कि डेवलपर्स और स्वयंसेवकों द्वारा प्रस्तावित सिस्टम के अपडेट को अन्य इच्छुक पार्टियों से कठोर जांच से गुजरना होगा (क्योंकि अपडेट में त्रुटि से लाखों इच्छुक पार्टियों का पैसा खो जाएगा), और अपडेट केवल तभी पास होगा जब बड़े पैमाने पर सहमति हो। बिटकॉइन फाउंडेशन (bitcoinfoundation.org) कई पूर्णकालिक डेवलपर्स को नियुक्त करता है जो बिटकॉइन के लिए रोडमैप स्थापित करने और अपडेट विकसित करने के लिए काम करते हैं। फिर, हालांकि, योगदान करने के लिए कुछ के साथ कोई भी ऐसा कर सकता है, और कोई वास्तविक कंपनी या संगठन लागू नहीं होता है। इसके अतिरिक्त, यदि कोई नियम परिवर्तन लागू किया जाता है तो उपयोगकर्ताओं को अद्यतन करने के लिए बाध्य नहीं किया जाता है; वे अपनी इच्छानुसार किसी भी संस्करण के साथ चिपके रह सकते हैं। इस प्रणाली के पीछे के विचार काफी चमत्कारिक हैं; एक स्वतंत्र, ओपन-सोर्स, सर्वसम्मति-आधारित नेटवर्क के विचार में बिटकॉइन की तुलना में कई और क्षेत्रों में अनुप्रयोग हैं।

क्या बिटकॉइन एक घोटाला है?

बिटकॉइन, परिभाषा के अनुसार, एक घोटाला नहीं है। यह स्थापित इंजीनियरों की एक टीम द्वारा बनाया गया एक वित्तीय साधन है। यह खरबों के लायक है, अप्राप्य है, और संस्थापक ने कोई होल्डिंग नहीं बेची है।[10] उस ने कहा, बिटकॉइन निश्चित रूप से जोड़ तोड़ योग्य है, और अत्यधिक अस्थिर है। बिटकॉइन के विपरीत बाजार पर कई अन्य क्रिप्टोकरेंसी एक घोटाला हैं। तो, अपना शोध करें, प्रतिष्ठित टीमों के साथ स्थापित सिक्कों में निवेश करें, और सामान्य ज्ञान का उपयोग करें।

---

[10] जबकि सातोशी नाकामोटो बिटकॉइन के कारण दसियों अरबों के लायक है, उसने कोई भी (अपने ज्ञात बटुए में) नहीं बेचा है। अपनी गुमनामी के साथ युग्मित, बिटकॉइन के संस्थापक ने शायद मुद्रा के माध्यम से कोई बड़ा लाभ नहीं कमाया है, कम से कम दसियों या सैकड़ों अरबों के सापेक्ष वह मालिक है।

क्या बिटकॉइन को हैक किया जा सकता है?

बिटकॉइन को हैक करना असंभव है क्योंकि पूरे नेटवर्क की लगातार नेटवर्क के भीतर कई नोड्स (कंप्यूटर) द्वारा समीक्षा की जा रही है, और इसलिए कोई भी हमलावर केवल सिस्टम को सही मायने में हैक कर सकता है यदि वे नेटवर्क में 51% या अधिक कम्प्यूटेशनल शक्ति को नियंत्रित करते हैं (चूंकि बहुमत नियंत्रण का उपयोग किसी भी चीज़ को मान्य करने के लिए किया जा सकता है, चाहे वह सही हो या नहीं)। बिटकॉइन के पीछे खनन शक्ति को देखते हुए, यह अनिवार्य रूप से असंभव है। हालांकि, क्रिप्टोक्यूरेंसी सुरक्षा में कमजोर बिंदु उपयोगकर्ताओं की जेब है; वॉलेट और एक्सचेंज को हैक करना बहुत आसान है। इसलिए, हालांकि बिटकॉइन को हैक करना असंभव है, आपके बिटकॉइन को एक्सचेंज की गलती के साथ-साथ कमजोर या गलती से साझा किए गए पासवर्ड से हैक किया जा सकता है। आम तौर पर, यदि आप स्थापित एक्सचेंजों के साथ चिपके रहते हैं और एक निजी, सुरक्षित पासवर्ड रखते हैं, तो हैक होने की संभावना व्यावहारिक रूप से शून्य है।

बिटकॉइन लेनदेन का ट्रैक कौन रखता है?

Bitcoin नेटवर्क में प्रत्येक नोड (कंप्यूटर) सभी Bitcoin लेनदेन की एक पूरी प्रति रखता है। जानकारी का उपयोग लेनदेन को मान्य करने और सुरक्षा सुनिश्चित करने के लिए किया जाता है। इसके अतिरिक्त, सभी बिटकॉइन लेनदेन सार्वजनिक हैं और बिटकॉइन लेज़र के माध्यम से देखने योग्य हैं; आप इसे अपने लिए निम्न लिंक पर देख सकते हैं:

https://www.blockchain.com/btc/unconfirmed-transactions

क्या कोई बिटकॉइन खरीद और बेच सकता है?

चूंकि Bitcoin विकेंद्रीकृत है, इसलिए कोई भी बाहरी कारकों या पहचान की परवाह किए बिना खरीद और बेच सकता है। उस ने कहा, कई देशों को केवल केंद्रीकृत एक्सचेंजों (कर और सुरक्षा उद्देश्यों के लिए) के माध्यम से क्रिप्टोकरेंसी का कारोबार करने की आवश्यकता होती है, इसलिए बुनियादी केवाईसी जनादेश, जैसे पहचान, एसएसएन, आदि की आवश्यकता होती है। इस तरह के कानून कुछ लोगों को क्रिप्टो में निवेश करने से रोकते हैं और केंद्रीकृत एक्सचेंज किसी भी कारण से खातों को बंद करने का अधिकार सुरक्षित रखते हैं।

क्या बिटकॉइन गुमनाम है?

जैसा कि सीधे ऊपर प्रश्न में उल्लेख किया गया है, बिटकॉइन को नियंत्रित करने वाली जन्मजात प्रणाली पूर्ण व्यक्तिगत गुमनामी की अनुमति देती है; एक सफल लेनदेन के लिए साझा किया जाने वाला सब कुछ एक वॉलेट पता है। हालांकि, सरकारी जनादेश ने कई देशों में इसे अवैध बना दिया है (प्राथमिक उदाहरण अमेरिका है) विकेंद्रीकृत एक्सचेंजों पर व्यापार करने के लिए। इसलिए, क्रिप्टो ट्रेडिंग करते समय केंद्रीकृत एक्सचेंज कानूनी गुमनामी को रोकते हैं।

क्या बिटकॉइन के नियम बदल सकते हैं?

चूंकि बिटकॉइन विकेंद्रीकृत है, इसलिए सिस्टम खुद को नहीं बदल सकता है। हालांकि, बिटकॉइन धारकों की आम सहमति के माध्यम से नेटवर्क के नियमों को बदला जा सकता है। आज, ओपन-सोर्स प्रोजेक्ट बिटकॉइन को अपडेट करते हैं यदि अपडेट की आवश्यकता होती है, और ऐसा केवल तभी होता है जब बिटकॉइन समुदाय द्वारा परिवर्तन स्वीकार किए जाते हैं।

क्या बिटकॉइन को पूंजीकृत किया जाना चाहिए?

एक नेटवर्क के रूप में बिटकॉइन को पूंजीकृत किया जाना चाहिए। बिटकॉइन को एक इकाई के रूप में पूंजीकृत नहीं किया जाना चाहिए। उदाहरण के लिए, "बिटकॉइन के विचार के बारे में सुनने के बाद, मैंने 10 बिटकॉइन खरीदे।

बिटकॉइन प्रोटोकॉल क्या हैं?

एक प्रोटोकॉल एक प्रणाली या प्रक्रिया है जो नियंत्रित करती है कि कुछ कैसे किया जाना चाहिए। क्रिप्टोक्यूरेंसी और बिटकॉइन के भीतर, प्रोटोकॉल कोड की शासी परत हैं। उदाहरण के लिए, एक सुरक्षा प्रोटोकॉल यह निर्धारित करता है कि सुरक्षा कैसे की जानी चाहिए, एक ब्लॉकचेन प्रोटोकॉल नियंत्रित करता है कि ब्लॉकचेन कैसे कार्य करता है और संचालित होता है, और एक बिटकॉइन प्रोटोकॉल नियंत्रित करता है कि बिटकॉइन कैसे कार्य करता है।

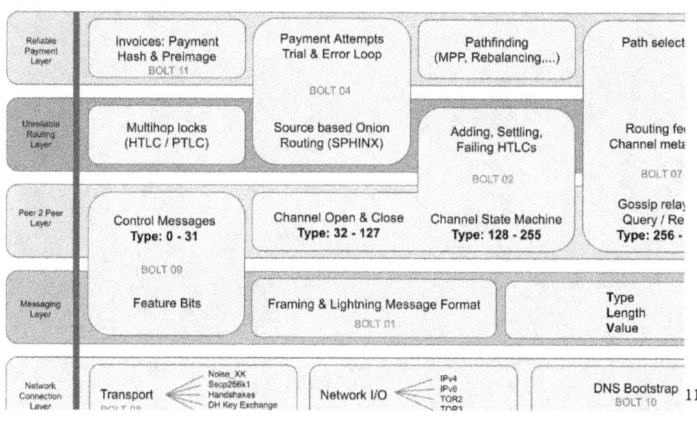

[11]

* यह एक प्रोटोकॉल का एक उदाहरण है, जिसे लाइटनिंग नेटवर्क के लेंस के माध्यम से देखा जाता है, जो एक लेयर -2 भुगतान प्रोटोकॉल है जिसे बिटकॉइन

---

[11] सीसी बाय-एसए 4.0
File:Lightning_Network_Protocol_Suite.png

और लिटकोइन जैसे सिक्कों के शीर्ष पर काम करने के लिए डिज़ाइन किया गया है ताकि तेजी से लेनदेन को सक्षम किया जा सके और इस प्रकार स्केलेबिलिटी मुद्दों को हल किया जा सके।

बिटकॉइन लेजर क्या है?

बिटकॉइन का खाता, और सभी ब्लॉकचेन लेजर, दिए गए ब्लॉकचेन पर किए गए सभी वित्तीय लेनदेन के बारे में डेटा स्टोर करते हैं। क्रिप्टोकरेंसी सार्वजनिक लेजर का उपयोग करती है, जिसका अर्थ है कि सभी लेनदेन को रिकॉर्ड करने के लिए उपयोग किया जाने वाला खाता सार्वजनिक रूप से उपलब्ध है। आप blockchain.com/explorer पर बिटकॉइन का सार्वजनिक खाता बही देख सकते हैं।

Hash	Time	Amount (BTC)	Amount (USD)
e3bc0fb2e5f235094f3825ab722ca4dda006c3528db1468012e1395984f8a3ec	12:22	3.40547680 BTC	$170,416.94
80c2a1ab9cc9fc94f082e707640216f3898beb189428840adf169fb2fb150735	12:22	0.52284473 BTC	$26,164.21
f3773b98dd9b10777e0761dd7d8be8e7953b190546b245fcafef5494124a0e9d	12:22	0.03063826 BTC	$1,533.20
e5e5e9678e6494bb68cea67aef3aee769ef972172db5424797dcd16eb7345a9a	12:22	0.00151322 BTC	$75.72
5f3bcd4212f05ed0d9ad7be40a97e1b4e6fe3456c7d9926e8b1a5219b7a1f33e	12:22	0.84369401 BTC	$42,220.15
37e7a56509c2b095549c3f865e2dcd3c0a29f47d5987d64ef5cf4b8ce9992811	12:22	0.00153592 BTC	$76.86
ee7a833c2da6c25125a653903828db74303d2efafdf730b0cc2787d8840e1754	12:22	0.00210841 BTC	$105.51
d2259896d076a2723259cc55e7131c3d4622ce6a14c37eb51cadd9992f3873c1	12:22	0.00251375 BTC	$125.79
8f7a795196ec4bdb0cc9316e75c13ca1f944c7946faf24004952aa2a0aed072f	12:22	1.60242873 BTC	$80,186.77
7f6fa2f64999a07e03a344aed9ddb34282883afeddfcb611f996109b83bdb11f	12:22	0.00022207 BTC	$11.11
8c9dfdf9b649a1d465d5d2cfcb3185ad91b087d38b4b60b3233d0c78cf859d60	12:22	0.00006000 BTC	$3.00
4dce5a6830641314ff08a30dca8209585563c450accdf01f1f72401b9ffbe24	12:22	0.00761070 BTC	$380.85
7e31b8568d549a894819ed19b11d03025141ca429bfbaf699ca73fb82ea0825d	12:22	0.00070666 BTC	$35.36
9fd5d4e37f766c414078c8d2dc8cd48efa6cf00f901d81e81e73a1a874c2beef	12:22	0.00061789 BTC	$30.92
b4dda5555fde5282c1e51fa69e56998e55904b77da989136a62b258aac2960fb	12:22	0.07876440 BTC	$3,941.53
a8f05dce5ca3964bd5fbfb65a52e8a23834597739f1828c368fbc8aba129391a	12:22	1.41705545 BTC	$70,912.32
b80588be59e4be8d3b22294d86c2f0df577a7e58a92981afbb62ba3add06b053	12:22	0.30358853 BTC	$15,192.18
e0fb0dcd87c22b2e11ef7eb3852a7a6a51bca0907d0d63199f6d9e275a410dd8	12:22	0.00712366 BTC	$356.48
f60389c978d4bf66bb32047fbd5efecb046d1f0e09c3c7b2035e5b2b6a852445	12:22	0.00029789 BTC	$14.91
a820e18a7a4538e4cd410f1f9fb213408174f699ffe2d245540b388e7befbfbf	12:22	0.79690506 BTC	$39,878.74
cbdc6ef0689d4a243add5c0b8c40d014d4a33a5e01e8eacd3fbcaffc9aba36c2	12:22	0.54677419 BTC	$27,361.68

* blockchain.com से बिटकॉइन सार्वजनिक खाता बही का एक लाइव दृश्य

बिटकॉइन किस प्रकार का नेटवर्क है?

बिटकॉइन एक P2P (पीयर-टू-पीयर) नेटवर्क है। एक पीअर-टू-पीयर नेटवर्क में कार्यों को पूरा करने के लिए एक दूसरे के साथ काम करने वाले कई कंप्यूटर शामिल होते हैं। पीयर-टू-पीयर नेटवर्क को केंद्रीय प्राधिकरण की आवश्यकता नहीं होती है और यह ब्लॉकचेन नेटवर्क और क्रिप्टोकरेंसी का एक अभिन्न अंग है।

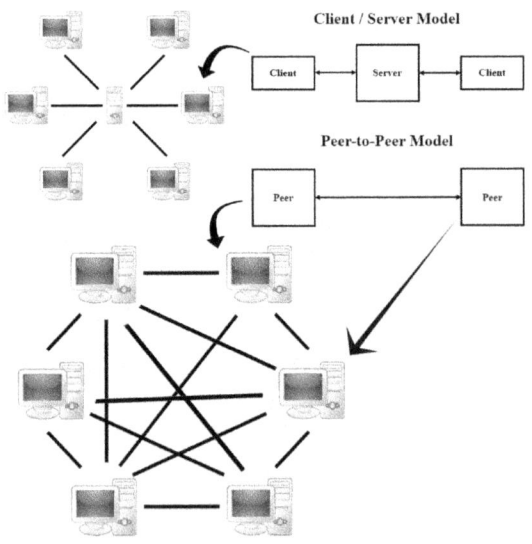

[12]

[12] लेखक द्वारा बनाया गया; निम्नलिखित स्रोतों से छवियों के आधार पर:
मौरो बीग / जीएनयू जीपीएल / File:Server-based-network.svg
लुडोविक फेरे / पीडीएम / File:P2P-network.svg
मिशेल बांकी / सीसी बाय-एसए 4.0 / File:Client-server_Vs_peer-to-peer_-_en.png

क्या बिटकॉइन अभी भी शीर्ष क्रिप्टोक्यूरेंसी हो सकता है जब यह अधिकतम आपूर्ति को हिट करता है?

बिटकॉइन की आपूर्ति वास्तव में समाप्त हो जाएगी, लेकिन यह वर्ष 2140 में ऐसा करेगी। उस बिंदु पर, सभी 21 मिलियन BTC नेटवर्क में होंगे, और नेटवर्क के निरंतर बने रहने के लिए अन्य प्रोत्साहन या आपूर्ति प्रणाली को लागू किया जाना चाहिए। हालाँकि, यह अनुमान लगाना कि क्या बिटोइन वर्ष 2140 में शीर्ष क्रिप्टोकरेंसी होगी, वर्ष 1900 में यह पूछने जैसा है कि 2020 कैसा होगा; प्रौद्योगिकी में अंतर लगभग असंभव रूप से बड़ा है और 22 वीं शताब्दी में तकनीकी वातावरण किसी का अनुमान है। हमें बस देखना होगा।

बिटकॉइन खनिक कितना पैसा कमाते हैं?

बिटकॉइन खनिक, सामूहिक रूप से, प्रति दिन लगभग $ 45 मिलियन और प्रति घंटे $ 1.9 मिलियन (प्रति ब्लॉक 6.25 बिटकॉइन, प्रति दिन 144 ब्लॉक) कमाते हैं। प्रति-खनिक लाभ हैशिंग पावर, बिजली लागत, पूल शुल्क (यदि पूल में), बिजली की खपत और हार्डवेयर लागत पर निर्भर करता है; ऑनलाइन खनन कैलकुलेटर इन सभी कारकों के आधार पर मुनाफे का अनुमान लगा सकते हैं। नाइसहैश द्वारा प्रदान किए गए इन कैलकुलेटर में से सबसे लोकप्रिय https://www.nicehash.com/profitability-calculator पर पाया जा सकता है।

बिटकॉइन की ब्लॉक ऊंचाई क्या है?

ब्लॉक की ऊंचाई एक ब्लॉकचेन में ब्लॉक की संख्या है। ऊंचाई 0 पहला ब्लॉक है (जिसे "उत्पत्ति ब्लॉक" भी कहा जाता है), ऊंचाई 1 दूसरा ब्लॉक है, और इसी तरह; बिटकॉइन की वर्तमान ब्लॉक ऊंचाई आधे मिलियन से अधिक है। बिटकॉइन का "ब्लॉक जनरेशन टाइम" वर्तमान में लगभग 10 मिनट है, जिसका अर्थ है कि बिटकॉइन ब्लॉकचेन में लगभग हर 10 मिनट में एक नया ब्लॉक जोड़ा जाता है।

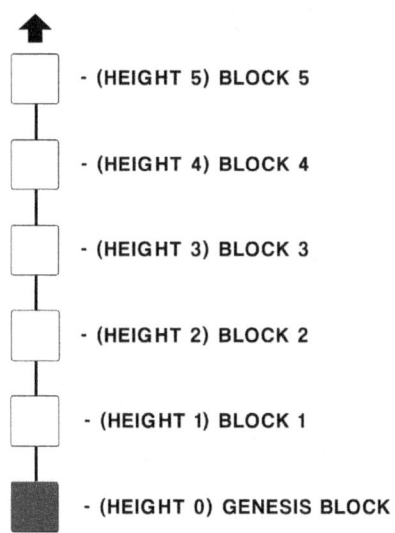

[13]

[13] लेखक की रचना। CC BY-SA 4.0 लाइसेंस के तहत प्रयोग करने योग्य।

क्या बिटकॉइन परमाणु स्वैप का उपयोग करता है?

एक परमाणु स्वैप एक स्मार्ट अनुबंध तकनीक है जो उपयोगकर्ताओं को तीसरे पक्ष के मध्यस्थ के बिना एक दूसरे के लिए दो अलग-अलग सिक्कों का आदान-प्रदान करने की अनुमति देती है, आमतौर पर एक एक्सचेंज, और खरीदने या बेचने की आवश्यकता के बिना। केंद्रीकृत एक्सचेंज, जैसे कि कॉइनबेस, परमाणु स्वैप नहीं कर सकते हैं। इसके बजाय, विकेन्द्रीकृत एक्सचेंज परमाणु स्वैप की अनुमति देते हैं और अंतिम उपयोगकर्ताओं को पूर्ण नियंत्रण देते हैं।

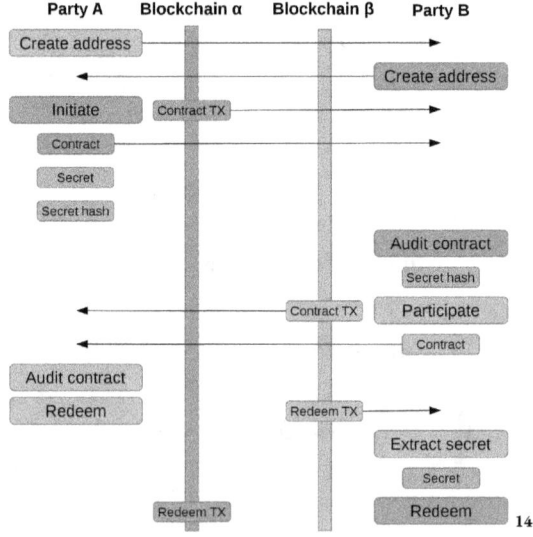

[14]

---

[14] निकबोआरियू / सीसी बाय-एसए 4.0 / File:Atomic_Swap_Workflow.svg

बिटकॉइन माइनिंग पूल क्या हैं?

खनन पूल, जिसे समूह खनन के रूप में भी जाना जाता है, उन लोगों या संस्थाओं के समूहों को संदर्भित करता है जो अपनी कम्प्यूटेशनल शक्ति को एक साथ जोड़ने और पुरस्कारों को विभाजित करने के लिए जोड़ते हैं। यह छिटपुट कमाई के विपरीत सुसंगत भी सुनिश्चित करता है।

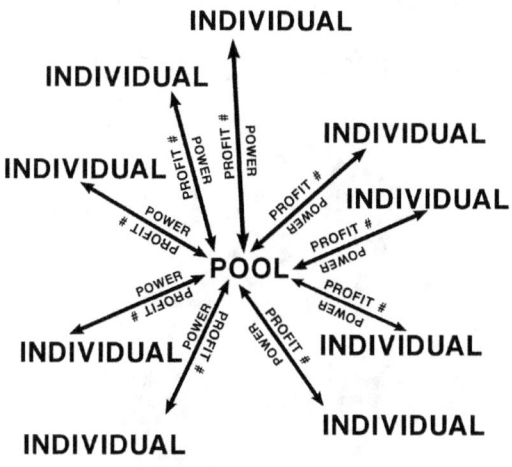

[15]

---

[15] लेखक का मूल काम। CC BY-SA 4.0 लाइसेंस के तहत प्रयोग करने योग्य

सबसे बड़े बिटकॉइन खनिक कौन हैं?

चित्र 2.3 बिटकॉइन माइनर वितरण का टूटना है। बड़े हिस्से सभी खनन पूल हैं, व्यक्तिगत खनिक नहीं, क्योंकि पूल व्यक्तियों के नेटवर्क का लाभ उठाकर बड़े पैमाने पर (कम्प्यूटेशनल शक्ति के संदर्भ में) सक्षम करते हैं। यह, संक्षेप में, खनन के लिए वितरण की बिटकॉइन जैसी अवधारणा को लागू करता है। सबसे बड़े बिटकॉइन पूल में एंटपूल (एक ओपन-एक्सेस माइनिंग पूल), वायाबीटीसी (सुरक्षित और स्थिर होने के लिए जाना जाता है), स्लश पूल (सबसे पुराना खनन पूल), और BTC.com (चार में से सबसे बड़ा) शामिल हैं।

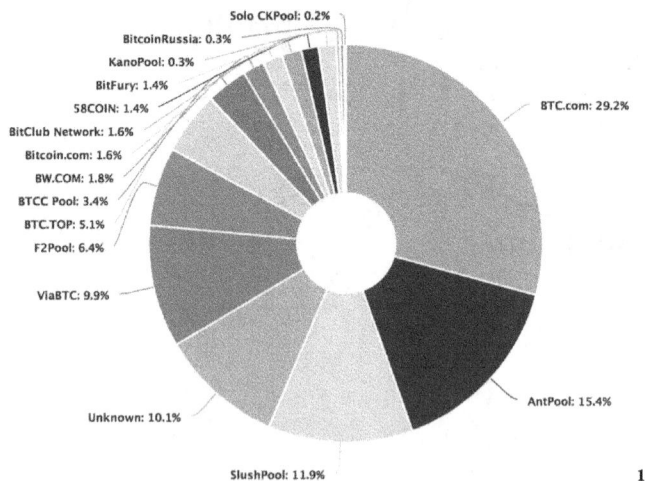

[16]

---

16 "बिटकॉइन खनन वितरण 3 | वैज्ञानिक आरेख डाउनलोड करें। https://www.researchgate.net/figure/Bitcoin-Mining-Distribution-3_fig3_328150068। 2 सितंबर 2021 को एक्सेस किया गया।

क्या बिटकॉइन तकनीक पुरानी है?

हां, बिटकॉइन को शक्ति देने वाली तकनीक नए प्रतिस्पर्धियों के सापेक्ष पुरानी है। बिटकॉइन ने ट्रेलब्लेज़िंग का काम किया और क्रिप्टोकरेंसी के लिए एक प्रूफ-ऑफ-कॉन्सेप्ट के रूप में काम किया, लेकिन सभी तकनीक के साथ, नवाचार आगे बढ़ता है और इस तरह के नवाचार को बनाए रखने के लिए एकजुट उन्नयन की आवश्यकता होती है, जो बिटकॉइन के पास नहीं है। बिटकॉइन नेटवर्क प्रति सेकंड लगभग 7 लेनदेन संभाल सकता है, जबकि एथेरियम (मार्केट कैप द्वारा दूसरी सबसे बड़ी क्रिप्टोक्यूरेंसी) प्रति सेकंड 30 लेनदेन संभाल सकती है और कार्डानो, तीसरी सबसे बड़ी और बहुत नई क्रिप्टोक्यूरेंसी, प्रति सेकंड लगभग 1 मिलियन लेनदेन को संभाल सकती है। बिटकॉइन नेटवर्क पर नेटवर्क की भीड़ बहुत अधिक शुल्क की ओर ले जाती है। इस तरह, साथ ही प्रोग्रामेबिलिटी, गोपनीयता और ऊर्जा उपयोग में, बिटकॉइन कुछ हद तक पुराना है। इसका मतलब यह नहीं है कि यह काम नहीं करता है; ऐसा होता है, इसका मतलब यह है कि या तो गंभीर उन्नयन लागू किया जाना चाहिए या उपयोगकर्ता अनुभव खराब हो जाएगा और प्रतियोगी पनपेगे। हालांकि, परवाह किए बिना, बिटकॉइन में भारी ब्रांड मूल्य, उपयोग और गोद लेने का एक बड़ा पैमाना, और प्रोटोकॉल हैं जो सुरक्षित तरीके से काम करते हैं; इसका सीधा सा मतलब है कि यह न तो शून्य-राशि का खेल है और न ही सबसे अच्छे या सबसे खराब परिदृश्य में समाप्त होने की संभावना है। हम संभवतः एक मध्य मैदान परिदृश्य देखेंगे, जिसमें

बिटकॉइन समस्याओं का सामना करना जारी रखता है, समाधानों को लागू करना जारी रखता है, और बढ़ता रहता है (हालांकि विकास को कुछ बिंदु पर धीमा करना होगा) क्योंकि क्रिप्टो स्पेस बढ़ता है।

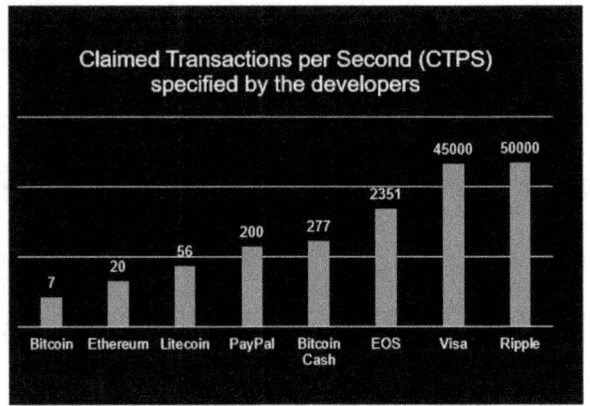

[17] https://investerest.vontobel.com/

---

[17] "बिटकॉइन समझाया - अध्याय 7: बिटकॉइन स्केलेबिलिटी - इन्वेस्टरेस्ट। https://investerest.vontobel.com/en-dk/articles/13323/bitcoin-explained---chapter-7-bitcoins-scalability/। 4 सितंबर 2021 को एक्सेस किया गया।

बिटकॉइन नोड क्या है?

एक नोड एक कंप्यूटर है (एक नोड कोई भी कंप्यूटर हो सकता है, कोई विशिष्ट प्रकार नहीं) जो ब्लॉकचेन के नेटवर्क से जुड़ा होता है और ब्लॉकचैन को ब्लॉक लिखने और मान्य करने में सहायता करता है। कुछ नोड्स अपने ब्लॉकचेन का पूरा इतिहास डाउनलोड करते हैं; इन्हें मास्टर्नोड्स कहा जाता है और नियमित नोड्स की तुलना में अधिक कार्य करते हैं। इसके अतिरिक्त, नोड्स किसी विशिष्ट नेटवर्क से बंधे नहीं हैं; नोड्स व्यावहारिक रूप से इच्छानुसार कई अलग-अलग ब्लॉकचेन पर स्विच कर सकते हैं, जैसा कि मल्टीपूल माइनिंग के मामले में होता है।

बिटकॉइन का आपूर्ति तंत्र कैसे काम करता है?

बिटकॉइन एक PoW आपूर्ति तंत्र का उपयोग करता है। एक आपूर्ति तंत्र वह तरीका है जिसमें नेटवर्क पर नए टोकन पेश किए जाते हैं। PoW, या "कार्य का प्रमाण" का शाब्दिक अर्थ है कि ब्लॉक बनाने के लिए कार्य (गणितीय समीकरणों के संदर्भ में) की आवश्यकता होती है। काम करने वाले लोग खनिक हैं।

बिटकॉइन के मार्केट कैप की गणना कैसे की जाती है?

मार्केट कैप के लिए समीकरण बहुत सरल है: # इकाइयों का x मूल्य प्रति यूनिट। बिटकॉइन "इकाइयां" सिक्के हैं, इसलिए मार्केट कैप के लिए हल करने के लिए कोई भी प्रति सिक्का मूल्य (लगभग $ 50,000) से परिसंचारी आपूर्ति (लगभग 18.8 मिलियन) को गुणा कर सकता है। परिणामी संख्या (इस मामले में, 940 बिलियन) मार्केट कैप है।

क्या आप बिटकॉइन ऋण दे सकते हैं और प्राप्त कर सकते हैं?

हां, आप USD ऋण लेने के लिए बिटकॉइन और अन्य क्रिप्टोकरेंसी का लाभ उठा सकते हैं। ऐसे ऋण उन लोगों के लिए आदर्श होते हैं जो अपने बिटकॉइन होल्डिंग्स को बेचना नहीं चाहते हैं, लेकिन जिन्हें कार या संपत्ति भुगतान, यात्रा, संपत्ति खरीदने आदि जैसे खर्चों के लिए धन की आवश्यकता होती है। ऋण लेने से धारक को अपनी संपत्ति रखने की अनुमति मिलती है, फिर भी संपत्ति में बंद मूल्य का लाभ उठाते हैं। इसके अतिरिक्त, बिटकॉइन ऋणों में बहुत तेजी से बदलाव और स्वीकृति का समय होता है, क्रेडिट स्कोर कोई फर्क नहीं पड़ता, और ऋण कुछ हद तक गोपनीयता के साथ आते हैं (मतलब, उधारदाताओं को इस बात में कोई दिलचस्पी नहीं है कि आप किस पर पैसा खर्च करते हैं)। एक ऋणदाता के रूप में, अन्यथा गतिहीन होल्डिंग्स से आय बनाने के लिए यह एक अच्छी रणनीति है; दोनों तरफ, जोखिम काफी हद तक बिटकॉइन के उतार-चढ़ाव में है। किसी भी तरह से, यह एक पेचीदा व्यवसाय है, और एक जो अभी शुरू हो रहा है और वास्तव में बड़े पैमाने पर विकास क्षमता है। बिटकॉइन और सिक्का ऋण देने और प्राप्त करने के लिए सबसे लोकप्रिय सेवाएं blockfi.com, लेंडाबिट, यूहोडलर, बीटीसीपीओपी, coinloan.io और mycred.io हैं।

बिटकॉइन के साथ सबसे बड़ी समस्याएं क्या हैं?

बिटकॉइन, दुर्भाग्य से, सही नहीं है। यह अपनी तरह का पहला था, और पहले प्रयास में कोई भी नई तकनीक सिद्ध नहीं होती है। बिटकॉइन के सामने सबसे बड़ी वर्तमान और दीर्घकालिक समस्या ऊर्जा और पैमाने की है। बिटकॉइन एक PoW (प्रूफ-ऑफ-वर्क) प्रणाली के माध्यम से संचालित होता है, और इसका नकारात्मक पक्ष उच्च ऊर्जा उपयोग है; बिटकॉइन वर्तमान में प्रति वर्ष 78 tW/घंटा का उपयोग करता है (जिनमें से अधिकांश, हालांकि सभी नहीं, कार्बन का उपयोग करते हैं)। कुछ परिप्रेक्ष्य प्रदान करने के लिए, एक टेरावाट-घंटा एक घंटे के लिए एक ट्रिलियन वाट आउटपुट करने के बराबर ऊर्जा की एकता है। इसके बावजूद, बिटकॉइन नेटवर्क पारंपरिक धन प्रणाली की तुलना में तीन गुना कम ऊर्जा की खपत करता है; मुद्दा बड़े पैमाने पर गोद लेने पर ऊर्जा उपयोग और अन्य क्रिप्टोकरेंसी के सापेक्ष ऊर्जा उपयोग में निहित है।[18] एक PoS (प्रूफ-ऑफ-स्टेक) प्रणाली, जैसे कि एथेरियम द्वारा नियोजित, PoW विकल्प की तुलना में 99.95% कम ऊर्जा का उपयोग करती है।[19] यह किसी भी निरपेक्ष ऊर्जा खपत

---

[18] "बैंक बिटकॉइन की तुलना में तीन गुना अधिक ऊर्जा का उपभोग करते हैं ..." https://bitcoinist.com/banks-consume-energy-bitcoin/ |

[19] "प्रूफ-ऑफ-स्टेक एथेरियम को 99.95% अधिक ऊर्जा-कुशल बना सकता है ..." https://www.morningbrew.com/emerging-

डेटा से अधिक महत्वपूर्ण है, क्योंकि यह इस तथ्य पर संकेत देता है कि Bitcoin में वर्तमान की तुलना में बहुत कम ऊर्जा का उपभोग करने की क्षमता है; भले ही एक आदर्श ऊर्जा आवश्यकता एक लंबा रास्ता तय करना हो। पैमाने के अलावा, लंबे समय में बिटकॉइन का सामना करने वाली एक समान रूप से महत्वपूर्ण समस्या (अस्तित्व के संदर्भ में नहीं, बल्कि मूल्य के संदर्भ में) उपयोगिता है। बिटकॉइन में बहुत कम अंतर्निहित उपयोगिता है और एक तकनीक की तुलना में मूल्य के भंडार के रूप में अधिक कार्य करता है। यह तर्क दिया जा सकता है कि बिटकॉइन एक आला भरता है और डिजिटल सोने की तरह काम करता है, लेकिन एक गतिहीन जगह की दोधारी तलवार यह है कि बिटकॉइन की अस्थिरता मूल्य के दीर्घकालिक स्टोर के लिए बहुत अधिक है और कुछ बिंदु पर या तो अस्थिरता कम होनी चाहिए या उपयोग जनसांख्यिकीय तक सीमित रहेगा जो उच्च अस्थिरता के साथ सहज है। कम से कम, उपयोगिता का प्रश्न ऑल्टकॉइन विकल्पों का प्रश्न लाता है; चूंकि क्रिप्टोकरेंसी के उपयोग के मामले विविध हैं, विशेष रूप से उपयोगिता के संबंध में, और इसलिए बिटकॉइन के अलावा अन्य क्रिप्टोकरेंसी को लंबे समय तक बड़े पैमाने पर मौजूद होना चाहिए। किस प्रश्न का यदि सही उत्तर दिया जाए, तो यह बहुत लाभदायक होगा।

---

tech/stories/2021/05/19/proofofstake-make-ethereum-9995-energyefficient-work|

क्या बिटकॉइन में सिक्के या टोकन हैं?

बिटकॉइन में सिक्के होते हैं, लेकिन टोकन और सिक्कों के बीच के अंतर को समझना महत्वपूर्ण है। क्रिप्टोक्यूरेंसी टोकन एक डिजिटल इकाई है जो एक सिक्के की तरह एक संपत्ति का प्रतिनिधित्व करती है। हालांकि, जबकि सिक्के अपने स्वयं के ब्लॉकचेन पर बनाए जाते हैं, टोकन दूसरे ब्लॉकचेन पर बनाए जाते हैं। कई टोकन एथेरियम ब्लॉकचेन का उपयोग करते हैं, और इस प्रकार उन्हें टोकन के रूप में संदर्भित किया जाता है, सिक्कों के रूप में नहीं। सिक्कों का उपयोग केवल पैसे के रूप में किया जाता है, जबकि टोकन के उपयोग की एक विस्तृत श्रृंखला होती है। टोकन को समझना यह समझने का एक अभिन्न अंग है कि आप क्या व्यापार कर रहे हैं, साथ ही डिजिटल मुद्राओं के सभी उपयोगों को समझने के लिए, और उन कारणों से सबसे लोकप्रिय टोकन उपश्रेणियों का विश्लेषण यहां किया गया है:

एक. *सुरक्षा टोकन* किसी संपत्ति के कानूनी स्वामित्व का प्रतिनिधित्व करते हैं, चाहे वह डिजिटल हो या भौतिक। सुरक्षा टोकन में "सुरक्षा" शब्द का अर्थ सुरक्षित होने के रूप में सुरक्षा नहीं है, बल्कि "सुरक्षा" किसी भी वित्तीय साधन को संदर्भित करता है जो मूल्य रखता है और इसका कारोबार किया जा सकता है। मूल रूप से, सुरक्षा टोकन एक निवेश या संपत्ति का प्रतिनिधित्व करते हैं।

दो. *उपयोगिता टोकन* एक मौजूदा प्रोटोकॉल में बनाए गए हैं और उस प्रोटोकॉल की सेवाओं तक पहुंच सकते हैं। याद रखें, प्रोटोकॉल नोड्स का पालन करने के लिए नियम और एक संरचना प्रदान करते हैं, और उपयोगिता टोकन का उपयोग भुगतान टोकन के रूप में व्यापक उद्देश्यों के लिए किया जा सकता है। उदाहरण के लिए, उपयोगिता टोकन आमतौर पर ICO के दौरान निवेशकों को दिए जाते हैं। फिर, बाद में, निवेशक उन उपयोगिता टोकन का उपयोग कर सकते हैं जो उन्हें उस प्लेटफॉर्म पर भुगतान के साधन के रूप में प्राप्त हुए थे, जिससे उन्हें टोकन प्राप्त हुए थे। ध्यान रखने वाली प्रमुख बात यह है कि उपयोगिता टोकन वस्तुओं और सेवाओं को खरीदने या बेचने के साधन के रूप में काम करने से कहीं अधिक कर सकते हैं।

तीन. *शासन टोकन* का उपयोग क्रिप्टोकरेंसी के लिए एक मतदान प्रणाली बनाने और चलाने के लिए किया जाता है जो केंद्रीकृत मालिक के बिना सिस्टम अपग्रेड की अनुमति देता है।

चार. *भुगतान (लेन-देन) टोकन* का उपयोग केवल वस्तुओं और सेवाओं के भुगतान के लिए किया जाता है।

क्या आप सिर्फ बिटकॉइन रखकर पैसे कमा सकते हैं?

कई सिक्के केवल संपत्ति रखने के लिए पुरस्कार प्रदान करेंगे; एथेरियम धारक जल्द ही दांव पर लगे ETH पर 5% APR बनाएंगे। हालांकि, महत्वपूर्ण शब्द "स्टेक्ड" है क्योंकि सभी सिक्के जो केवल सिक्का या टोकन रखने के लिए पैसे की पेशकश करते हैं (जिसे "स्टेकिंग रिवार्ड्स" कहा जाता है) एक PoS (प्रूफ-ऑफ-स्टेक) सिस्टम और एल्गोरिथ्म पर काम करते हैं। PoS एल्गोरिथ्म PoW (प्रूफ-ऑफ-वर्क) का एक विकल्प है जो किसी व्यक्ति को स्वामित्व वाले सिक्कों की संख्या के आधार पर लेनदेन को माइन करने और मान्य करने की अनुमति देता है। तो, PoS के साथ, जितना अधिक आप खुद के मालिक हैं, उतना ही आप मेरा है। Ethereum जल्द ही प्रूफ-ऑफ-स्टेक पर चल सकता है, और कई विकल्प पहले से ही करते हैं। जो कुछ भी कहा गया है, आप अभी भी उधारकर्ताओं को उधार देकर अपने बिटकॉइन पर ब्याज कमा सकते हैं।

क्या बिटकॉइन में फिसलन है?

कुछ संदर्भ प्रदान करने के लिए, स्लिपेज तब हो सकता है जब कोई ट्रेड मार्केट ऑर्डर के साथ रखा जाता है. बाजार के आदेश सर्वोत्तम संभव मूल्य पर निष्पादित करने का प्रयास करते हैं, लेकिन कभी-कभी अपेक्षित मूल्य और वास्तविक मूल्य के बीच एक उल्लेखनीय अंतर होता है। उदाहरण के लिए, आप देख सकते हैं कि उदाहरण सिक्का $ 100 पर है, इसलिए आप $ 1000 के लिए मार्केट ऑर्डर देते हैं। हालाँकि, आप अपने $1000 के लिए केवल 9.8 उदाहरण प्राप्त करते हैं, जैसा कि अपेक्षित 10 के विपरीत है। स्लिपेज इसलिए होता है क्योंकि बोली/पूछ स्प्रेड जल्दी बदल जाता है (मूल रूप से, बाजार मूल्य बदल गया)। बिटकॉइन और अधिकांश क्रिप्टोकरेंसी फिसलन के लिए उत्तरदायी हैं; इस कारण से, यदि आप एक बड़ा ऑर्डर दे रहे हैं, तो मार्केट ऑर्डर के विपरीत लिमिट ऑर्डर देने पर विचार करें। इससे फिसलन खत्म होगी।

मुझे कौन से बिटकॉइन परिवर्णी शब्द पता होने चाहिए?

एटीएच

संक्षिप्त अर्थ है "सभी समय उच्च। यह उच्चतम कीमत है जो एक क्रिप्टोक्यूरेंसी एक चुनी हुई समय अवधि के भीतर पहुंच गई है।

एटीएल

संक्षिप्त अर्थ है "सभी समय कम। यह सबसे कम कीमत है जो एक क्रिप्टोक्यूरेंसी एक चुनी हुई समय अवधि के भीतर पहुंच गई है।

बीटीडी

संक्षिप्त अर्थ है "डुबकी खरीदें। कुछ नमकीन भाषा के साथ, बीटीएफडी के रूप में भी प्रतिनिधित्व किया जा सकता है।

सीईएक्स

संक्षिप्त अर्थ है "केंद्रीकृत विनिमय। केंद्रीकृत एक्सचेंज एक कंपनी के स्वामित्व में हैं जो लेनदेन का प्रबंधन करता है। कॉइनबेस एक लोकप्रिय सीईएक्स है।

आईसीओ

"प्रारंभिक सिक्का पेशकश।

पी2पी

"पैर पैर हैं।

पीएनडी

"पंप और डंप।

रॉय

"निवेश पर वापसी।

डीएलटी

संक्षिप्त अर्थ है "वितरित लेजर प्रौद्योगिकी। एक वितरित खाता बही एक खाता बही है जिसे कई अलग-अलग स्थानों में संग्रहीत किया जाता है ताकि लेनदेन को कई पार्टियों द्वारा मान्य किया जा सके। ब्लॉकचेन नेटवर्क वितरित लेजर का उपयोग करते हैं।

सैट

SATS सातोशी नाकामोटो के लिए शॉर्टहैंड है, जो बिटकॉइन के निर्माता द्वारा इस्तेमाल किया जाने वाला छद्म नाम है। SATS बिटकॉइन की सबसे छोटी

अनुमत इकाई है, जो 0.00000001 BTC है। बिटकॉइन की सबसे छोटी इकाई को केवल सातोशी के रूप में भी जाना जाता है।

मुझे कौन सा बिटकॉइन स्लैंग पता होना चाहिए?

झपट लेना

एक बैग किसी की स्थिति को संदर्भित करता है। उदाहरण के लिए, यदि आपके पास एक सिक्के में एक बड़ी मात्रा है, तो आपके पास उनमें से एक बैग है।

बैग धारक

एक बैग धारक एक व्यापारी है जिसके पास एक बेकार सिक्के में एक स्थिति है। बैग धारक अक्सर अपनी बेकार स्थिति पर आशा रखते हैं

डॉल्फ़िन

क्रिप्टो धारकों को कई अलग-अलग जानवरों के माध्यम से वर्गीकृत किया जाता है। बहुत बड़ी जोत वाले, जैसे कि लाखों के 10 में, व्हेल कहलाते हैं, जबकि मध्यम आकार की जोत वाले लोगों को डॉल्फ़िन कहा जाता है।

फ़्लिपिंग/फ़्लैपिंग

"फ़्लिपिंग" का उपयोग काल्पनिक क्षण का वर्णन करने के लिए किया जाता है, जब एथेरियम (ETH) ने मार्केट कैप में बिटकॉइन (BTC) को पारित किया।

"फ्लैपनिंग" वह क्षण था जब लिटकोइन (एलटीसी) ने मार्केट कैप में बिटकॉइन कैश (बीसीएच) को पारित किया। फ्लैपिंग 2018 में हुई, जबकि फ़्लिपिंग अभी तक नहीं हुई है, और, विशुद्ध रूप से मार्केट कैप के आधार पर, कभी भी होने की संभावना नहीं है।

चाँद/

"चंद्रमा के लिए" और "यह चंद्रमा पर जा रहा है" जैसे शब्द केवल क्रिप्टोक्यूरेंसी को मूल्य में ऊपर जाने का उल्लेख करते हैं, आमतौर पर एक चरम राशि से।

वेपरवेयर

वेपरवेयर एक सिक्का या टोकन है जिसे प्रचारित किया गया है, लेकिन इसका आंतरिक मूल्य बहुत कम है और मूल्य में कमी होने की संभावना है।

व्लादिमीर क्लब

एक शब्द जो किसी ऐसे व्यक्ति का वर्णन करता है जिसने क्रिप्टोकरेंसी की अधिकतम आपूर्ति का 1% (0.01%) प्राप्त किया है।

कमजोर हाथ

व्यापारियों के पास "कमजोर हाथ" हैं, उनमें अपनी संपत्ति रखने के लिए आत्मविश्वास की कमी है। अस्थिरता का सामना करना और अक्सर भावनाओं

पर व्यापार करना, जैसा कि उनकी ट्रेडिंग योजना से चिपके रहने का विरोध किया जाता है।

आरईकेटी

"बर्बाद" की ध्वन्यात्मक वर्तनी।

विभागाध्यक्ष

"प्रिय जीवन के लिए पकड़ो।

डायर

"अपना खुद का शोध करें।

एफओएमओ

"छूटने का डर।

खग

"भय, अनिश्चितता और संदेह।

जोमो

"छूटने की खुशी।

एली5

"इसे समझाओ जैसे मैं 5 साल का हूं।

क्या आप बिटकॉइन का व्यापार करने के लिए लीवरेज और मार्जिन का उपयोग कर सकते हैं?

लीवरेज्ड ट्रेडिंग से परिचित नहीं होने वालों के लिए संदर्भ प्रदान करने के लिए, व्यापारी किसी तीसरे पक्ष से उधार ली गई धनराशि पर व्यापार करके व्यापारिक शक्ति का "उत्तोलन" कर सकते हैं। उदाहरण के लिए, मान लें कि आपके पास $1,000 हैं और आप 5x लीवरेज का उपयोग कर रहे हैं; अब आप $5,000 मूल्य के फंड के साथ ट्रेडिंग कर रहे हैं, जिसमें से $4,000 आपने उधार लिया था। उसी फ़ंक्शन से, 10x उत्तोलन $10,000 है और 100x $100,000 है। उत्तोलन आपको उस पैसे का उपयोग करके लाभ बढ़ाने की अनुमति देता है जो आपका नहीं है और कुछ अतिरिक्त लाभ रखता है। मार्जिन ट्रेडिंग लीवरेज ट्रेडिंग के साथ लगभग विनिमेय है (क्योंकि मार्जिन लीवरेज बनाता है) और एकमात्र अंतर यह है कि मार्जिन को आवश्यक प्रतिशत जमा के रूप में व्यक्त किया जाता है, जबकि लीवरेज एक अनुपात है (मतलब, आप 3x लीवरेज पर मार्जिन ट्रेड कर सकते हैं)। उत्तोलन और मार्जिन ट्रेडिंग बहुत जोखिम भरा है; सामान्यतया, जब तक आपके पास एक अनुभवी व्यापारी नहीं है और आपके पास कुछ वित्तीय स्थिरता नहीं है, तब तक लीवरेज ट्रेडिंग की अनुशंसा नहीं की जाती है। उस ने कहा, कई एक्सचेंज बिटकॉइन और अन्य क्रिप्टोकरेंसी के लिए लीवरेज्ड ट्रेडिंग सेवाएं

प्रदान करते हैं। निम्नलिखित सर्वोत्तम सेवाओं को सूचीबद्ध करता है जो क्रिप्टो लीवरेज ट्रेडिंग की पेशकश करती हैं:

- Binance (लोकप्रिय, सर्वश्रेष्ठ समग्र)
- Bybit (सर्वश्रेष्ठ चार्ट)
- बिटमेक्स (उपयोग करने में आसान)
- Deribit (लीवरेज्ड बिटकॉइन ट्रेडिंग के लिए सर्वश्रेष्ठ)
- Kraken (लोकप्रिय, उपयोगकर्ता के अनुकूल)
- Poloniex (उच्च तरलता)

बिटकॉइन बबल क्या है?

बिटकॉइन और सभी निवेशों में एक बुलबुला एक ऐसे समय को संदर्भित करता है जिसके दौरान सब कुछ एक अस्थिर दर से ऊपर जा रहा है। अक्सर, बुलबुले पॉप करेंगे और एक बड़ी दुर्घटना को ट्रिगर करेंगे। इस कारण से, एक बुलबुले में होना, चाहे बाजार को समग्र रूप से संदर्भित करना हो या एक विशिष्ट सिक्का या टोकन का, दोनों एक अच्छी और (अधिक) एक बुरी चीज है।

बिटकॉइन पर "बुलिश" या "मंदी" होने का क्या मतलब है?

एक भालू होने का मतलब है कि आपको लगता है कि एक सिक्के, टोकन, या बाजार के मूल्य की कीमत पूरी तरह से नीचे जाने वाली है। यदि आप ऐसा सोचते हैं, तो आपको दी गई सुरक्षा पर "मंदी" भी माना जाता है। विपरीत तेजी से होना है: एक व्यक्ति जो सोचता है कि सुरक्षा मूल्य में वृद्धि करेगी, उस सुरक्षा पर तेजी है। इन शब्दों को शेयर बाजार की शब्दावली में लोकप्रिय बनाया गया था, और मूल को जानवरों के लक्षणों से बंधा हुआ माना जाता है: एक बैल एक प्रतिद्वंद्वी पर हमला करते समय अपने सींगों को ऊपर की ओर धकेलेगा, जबकि एक भालू खड़ा होगा और नीचे स्वाइप करेगा।

क्या बिटकॉइन चक्रीय है?

हां, बिटकॉइन ऐतिहासिक रूप से चक्रीय है और बहु-वर्षीय चक्रों (विशेष रूप से, 4-वर्षीय चक्र) पर काम करता है जो ऐतिहासिक रूप से निम्नलिखित में टूट गए हैं: सफलता उच्च, एक सुधार, संचय, और अंत में वसूली और निरंतरता। इसे एक बड़े ऊपर, प्रमुख नीचे, थोड़ा ऊपर या बग़ल में, और एक बड़ा ऊपर तक सरल बनाया जा सकता है। ब्रेकथ्रू हाई आमतौर पर बिटकॉइन की आधी घटनाओं (आमतौर पर एक साल या उसके बाद) का पालन करते हैं, जो हर चार साल में होती हैं (जिनमें से सबसे हाल ही में 2020 में होती हैं)। यह, किसी भी तरह से, एक सटीक विज्ञान नहीं है, लेकिन यह बिटकॉइन की मध्यम अवधि की क्षमता और मूल्य कार्रवाई पर कुछ परिप्रेक्ष्य प्रदान करता है। इसके अतिरिक्त, Altcoins (विशेष रूप से मध्यम और छोटे altcoins) की बड़ी छलांग आमतौर पर तब होती है, जब बिटकॉइन न तो एक प्रमुख ऊपर की ओर बढ़ रहा है और न ही एक प्रमुख नीचे की ओर बढ़ रहा है, और अक्सर एक बड़ी ऊपर की ओर बढ़ रहा है। ऐसे बिंदु पर, निवेशक बिटकॉइन का मुनाफा लेते हैं (जबकि कीमत समेकित होती है) और उन्हें छोटे सिक्कों में डाल देते हैं। तो, यह सब आम तौर पर सोचने के लिए कुछ है, खासकर यदि आप बिटकॉइन खरीदने या बेचने के बारे में सोच रहे हैं।

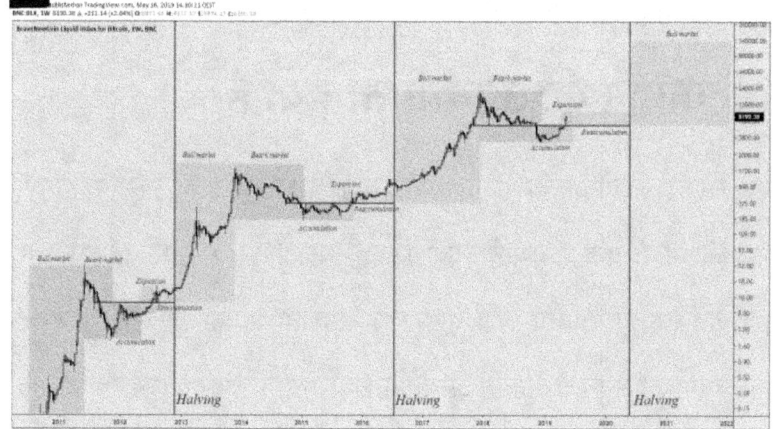

[20][21]

[22]

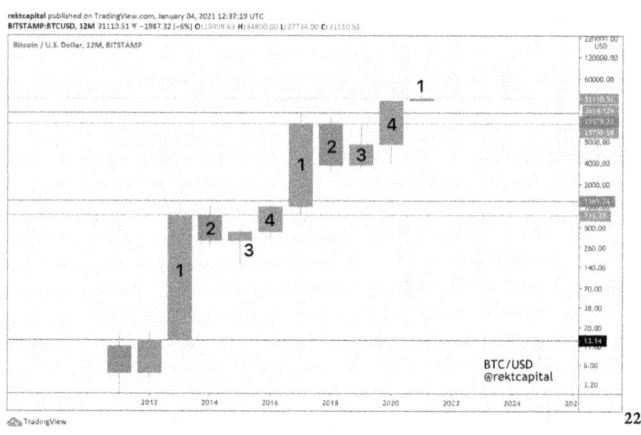

20

[21] "बिटकॉइन के चार साल के चक्र का विस्तृत टूटना | विदेशी मुद्रा अकादमी। 10 फरवरी 2021, https://www.forex.academy/detailed-breakdown-of-bitcoins-four-years-cycles/। 4 सितंबर 2021 को एक्सेस किया गया।

[22] "बिटकॉइन के चार साल के चक्र का एक विस्तृत टूटना | हैकर दोपहर। 29 अक्टूबर 2020, https://hackernoon.com/a-detailed-breakdown-of-bitcoins-four-year-cycles-icp3z0q। 4 सितंबर 2021 को एक्सेस किया गया।

बिटकॉइन की उपयोगिता क्या है?

एक सिक्के या टोकन के भीतर उपयोगिता उचित परिश्रम के सबसे महत्वपूर्ण पहलुओं में से एक है क्योंकि एक सिक्के या टोकन के पीछे वर्तमान और दीर्घकालिक उपयोगिता और मूल्य को समझना क्षमता के अधिक स्पष्ट विश्लेषण की अनुमति देता है। उपयोगिता को उपयोगी और कार्यात्मक होने के रूप में परिभाषित किया गया है; उपयोगिता वाले क्रिप्टो सिक्के या टोकन के वास्तविक, व्यावहारिक उपयोग हैं: वे केवल मौजूद नहीं हैं बल्कि किसी समस्या को हल करने या सेवा प्रदान करने के लिए काम करते हैं। सबसे कार्यात्मक वर्तमान उपयोग और उपयोग के मामलों वाले सिक्के निरंतर उद्देश्य, उपयोग और नवाचार के बिना उन लोगों के विपरीत सफल होने की संभावना है। बिटकॉइन सहित कुछ केस स्टडी यहां दी गई हैं:

- बिटकॉइन (BTC) "डिजिटल गोल्ड" के समान मूल्य के एक विश्वसनीय और दीर्घकालिक स्टोर के रूप में कार्य करता है।
- Ethereum (ETH) Ethereum blockchain के शीर्ष पर dApps और स्मार्ट अनुबंध के निर्माण के लिए अनुमति देता है।
- Storj (STORJ) एक विकेन्द्रीकृत तरीके से बादल में डेटा स्टोर करने के लिए इस्तेमाल किया जा सकता, गूगल ड्राइव और ड्रॉपबॉक्स के समान।

- बेसिक अटेंशन टोकन (BAT) का उपयोग Brave ब्राउज़र के भीतर पुरस्कार अर्जित करने और क्रिएटर्स को सुझाव भेजने के लिए किया जाता है.
- Golem (GNT) एक वैश्विक सुपर कंप्यूटर है कि GNT टोकन के बदले में किराए पर कंप्यूटिंग संसाधनों प्रदान करता है.

क्या बिटकॉइन को पकड़ना या उसका व्यापार करना बेहतर है?

ऐतिहासिक रूप से बोलते हुए, बिटकॉइन को केवल पकड़ना अधिक लाभदायक और आसान है। सफलतापूर्वक व्यापार करने के लिए आवश्यक समय, प्रयास और समय (या धारण करने वालों की तुलना में अधिक लाभ कमाने के लिए) इकट्ठा करने के लिए एक बहुत ही कठिन मिश्रण है; जो लोग ऐसा करते हैं वे आमतौर पर पूर्णकालिक व्यापारी होते हैं या उनके पास ऐसे उपकरणों तक पहुंच होती है जो अन्य नहीं करते हैं। जब तक आप समर्पण के इस स्तर को अपनाने के लिए तैयार नहीं होते हैं या आप वास्तव में इस प्रक्रिया का आनंद नहीं लेते हैं, तब तक आप लंबे समय तक बिटकॉइन को रखने और खरीदने से बहुत बेहतर हैं।

क्या बिटकॉइन में निवेश करना जोखिम भरा है?

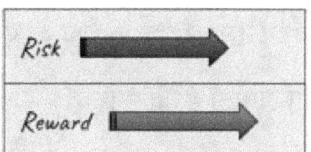

उपरोक्त छवि जोखिम-वापसी ट्रेडऑफ सिद्धांत पर आधारित है। जब कोई हर किसी को पैसा बनाते हुए देखता है (जैसा कि सोशल मीडिया द्वारा बड़े पैमाने पर और खतरनाक रूप से सक्षम किया जाता है, क्योंकि हर कोई जीत दर्ज करता है और हार नहीं), जैसा कि वर्तमान में क्रिप्टो बाजार में हो रहा है, हम अवचेतन रूप से (या जानबूझकर) महत्वपूर्ण जोखिम की कमी मानने के लिए प्रवण हैं। हालांकि, आम तौर पर बोलते हुए (विशेष रूप से निवेश के संबंध में), जितना अधिक इनाम होता है, उतना ही अधिक जोखिम होता है। क्रिप्टोकरेंसी में निवेश जोखिम मुक्त नहीं है, न ही कम जोखिम; यह बेहद जोखिम भरा है, लेकिन दोधारी तलवार होने के कारण यह अत्यधिक इनाम भी प्रदान करती है।

बिटकॉइन श्वेत पत्र क्या है?

एक श्वेत पत्र किसी दिए गए उत्पाद, सेवा या सामान्य विचार के बारे में एक संगठन द्वारा जारी एक सूचनात्मक रिपोर्ट है। श्वेत पत्र अवधारणा की व्याख्या करते हैं (वास्तव में, बेचते हैं) और भविष्य की घटनाओं का एक विचार और समय सारिणी प्रदान करते हैं। आम तौर पर, यह पाठकों को एक समस्या को समझने में मदद करता है, यह पता लगाता है कि पेपर के निर्माता उस समस्या को हल करने का लक्ष्य कैसे रखते हैं, और उस परियोजना के बारे में एक राय बनाते हैं। तीन प्रकार के श्वेत पत्र अक्सर व्यावसायिक स्थान पर आते हैं: पहला, "बैकग्राउंडर", जो किसी उत्पाद, सेवा या विचार के पीछे की पृष्ठभूमि की व्याख्या करता है और तकनीकी, शिक्षा-केंद्रित जानकारी प्रदान करता है जो पाठक को बेचता है। एक दूसरे प्रकार का श्वेत पत्र एक "क्रमांकित सूची" है जो सामग्री को सुपाच्य, संख्या-उन्मुख प्रारूप में प्रदर्शित करता है। उदाहरण के लिए, "सिक्का सीएम के लिए 10 उपयोग के मामले" या "10 कारण टोकन एचएल बाजार पर हावी होगा। एक अंतिम प्रकार एक समस्या/समाधान श्वेत पत्र है, जो उस समस्या को परिभाषित करता है जिसे उत्पाद, सेवा या विचार का उद्देश्य हल करना है, और बनाए गए समाधान की व्याख्या करता है।

क्रिप्टो स्पेस के भीतर श्वेत पत्रों का उपयोग उपन्यास अवधारणाओं और तकनीकी, दृष्टि और किसी दिए गए प्रोजेक्ट के आसपास की योजनाओं को समझाने के लिए किया जाता है। सभी पेशेवर क्रिप्टो परियोजनाओं में एक श्वेत

पत्र होगा, जो आमतौर पर उनकी वेबसाइट पर पाया जाता है। श्वेत पत्र पढ़ना आपको व्यावहारिक रूप से सुलभ जानकारी के किसी अन्य एकल स्रोत की तुलना में एक परियोजना की बेहतर समझ देता है। बिटकॉइन का श्वेत पत्र 2008 में प्रकाशित हुआ था और एक पारदर्शी और बेकाबू क्रिप्टोग्राफिक रूप से सुरक्षित, वितरित और पी 2 पी इलेक्ट्रॉनिक भुगतान प्रणाली के सिद्धांतों को रेखांकित किया गया था। आप निम्नलिखित लिंक पर अपने लिए मूल बिटकॉइन श्वेत पत्र पढ़ सकते हैं:

bitcoin.org/bitcoin.pdf

नीचे कुछ वेबसाइटें दी गई हैं जो क्रिप्टोक्यूरेंसी श्वेत पत्रों के बारे में अधिक जानकारी या पहुंच प्रदान करती हैं।

सभी क्रिप्टो श्वेत पत्र

https://www.allcryptowhitepapers.com/

क्रिप्टोरेटिंग

https://cryptorating.eu/whitepapers/

बिटकॉइन कुंजी क्या हैं?

एक कुंजी डेटा एन्क्रिप्ट करने के लिए एल्गोरिदम द्वारा उपयोग किए जाने वाले वर्णों की एक यादृच्छिक स्ट्रिंग है। बिटकॉइन और अधिकांश क्रिप्टोकरेंसी दो कुंजी का उपयोग करते हैं: एक सार्वजनिक कुंजी और एक निजी कुंजी। दोनों कुंजियाँ अक्षरों और संख्याओं के तार हैं। एक बार जब कोई उपयोगकर्ता अपना पहला लेनदेन शुरू करता है, तो एक सार्वजनिक कुंजी और एक निजी कुंजी की एक जोड़ी बनाई जाती है। सार्वजनिक कुंजी का उपयोग क्रिप्टोकरेंसी प्राप्त करने के लिए किया जाता है, जबकि निजी कुंजी उपयोगकर्ता को अपने खाते से लेनदेन करने की अनुमति देती है। दोनों चाबियाँ एक बटुए में संग्रहीत हैं।

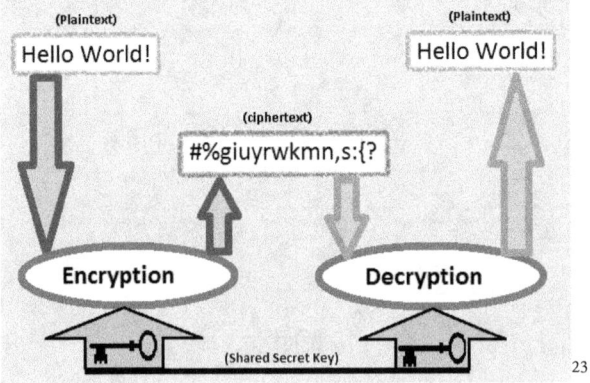

[23]

---

[23] देव-एनजेआईटीविल / पीडीएम / File:Crypto.png

क्या बिटकॉइन दुर्लभ है?

हाँ। बिटकॉइन एक निश्चित आपूर्ति के साथ एक अपस्फीति संपत्ति है। फिक्स्ड-सप्लाई क्रिप्टोकरेंसी की एक एल्गोरिथम आपूर्ति सीमा होती है। बिटकॉइन, जैसा कि उल्लेख किया गया है, एक निश्चित-आपूर्ति संपत्ति है, क्योंकि 21 मिलियन को प्रचलन में लाने के बाद संभवतः कोई और सिक्के नहीं बनाए जा सकते हैं। वर्तमान में, लगभग 90% बिटकॉइन का खनन किया गया है और कुल आपूर्ति का लगभग 0.5% प्रति वर्ष प्रचलन से हटाया जा रहा है (सिक्कों को दुर्गम खातों में भेजे जाने के कारण। हॉल्टिंग (बाद में कवर) के अनुसार, बिटकॉइन वर्ष 2140 के आसपास अपनी अधिकतम आपूर्ति को हिट करेगा। कई अन्य क्रिप्टोकरेंसी (वेबसाइट cryptoli.st से प्राप्त, यदि आप अन्य क्रिप्टो सूचियों में रुचि रखते हैं तो उन्हें अपने लिए देखें) जैसे कि Binance Coin (BNB), Cardano (ADA), Litecoin (LTC), और ChainLink (LINK), एक निश्चित-आपूर्ति, अपस्फीति प्रणाली पर भी स्थापित हैं। अपस्फीति प्रणालियों की अवधारणा के बारे में अधिक जानकारी और यह बिटकॉइन को दुर्लभ क्यों बनाता है, नीचे दिए गए प्रश्न "बिटकॉइन अपस्फीति का क्या मतलब है?" में उल्लिखित है।

बिटकॉइन व्हेल क्या हैं?

व्हेल, क्रिप्टोक्यूरेंसी में, उन व्यक्तियों या संस्थाओं को संदर्भित करती हैं जो किसी दिए गए सिक्के या टोकन के लिए पर्याप्त मात्रा में रखते हैं, जिन्हें मूल्य कार्रवाई को प्रभावित करने की क्षमता वाले प्रमुख खिलाड़ी माना जाता है। लगभग 1000 व्यक्तिगत बिटकॉइन व्हेल सभी बिटकॉइन का 40% हिस्सा रखते हैं, और सभी बिटकॉइन का 13% सिर्फ 100 से अधिक खातों में रखा जाता है।[24] बिटकॉइन व्हेल विभिन्न रणनीतियों के माध्यम से बिटकॉइन की कीमत में हेरफेर कर सकते हैं, और निश्चित रूप से हाल के वर्षों में है। एक दिलचस्प संबंधित लेख (माध्यम द्वारा प्रकाशित) "बिटकॉइन व्हेल और क्रिप्टो मार्केट मैनिपुलेशन" है।

---

[24] "बिटकॉइन 'व्हेल' की अजीब दुनिया 22 जनवरी 2021, https://www.telegraph.co.uk/technology/2021/01/22/weird-world-bitcoin-whales-2500-people-control-40pc-market/।

बिटकॉइन माइनर्स कौन हैं?

बिटकॉइन खनिक वे हैं जो बिटकॉइन नेटवर्क को कम्प्यूटेशनल शक्ति उधार देते हैं। यह नाइसहैश पीसी उपयोगकर्ताओं से लेकर खनन खेतों को पूरा करने तक है; जो कोई भी नेटवर्क में कोई शक्ति जोड़ता है (इस प्रकार हैश दर बढ़ाता है) उसे खनिक के रूप में परिभाषित किया जाता है। बिटकॉइन खनिक बिटकॉइन नेटवर्क को कम्प्यूटेशनल शक्ति प्रदान करते हैं, जिसका उपयोग बिटकॉइन में पुरस्कार के बदले लेनदेन को सत्यापित करने और ब्लॉकचेन में ब्लॉक जोड़ने के लिए किया जाता है।

बिटकॉइन को "जलाने" का क्या मतलब है?

शब्द "जला हुआ" जलने की प्रक्रिया को संदर्भित करता है, जो एक आपूर्ति तंत्र है जो सिक्कों को प्रचलन से बाहर निकालने में सक्षम बनाता है, इसलिए एक अपस्फीति उपकरण के रूप में कार्य करता है और नेटवर्क में एक दूसरे के सिक्के के मूल्य में वृद्धि करता है (जिसकी अवधारणा शेयर बाजार में स्टॉक वापस खरीदने वाली कंपनी की तरह है)। जलना कई अलग-अलग तरीकों से किया जा सकता है: इनमें से एक तरीका एक दुर्गम बटुए में सिक्के भेज रहा है, जिसे "ईटर एड्रेस" कहा जाता है। इस मामले में, जबकि टोकन को तकनीकी रूप से कुल आपूर्ति से हटाया नहीं गया है, परिसंचारी आपूर्ति प्रभावी रूप से नीचे चली गई है। वर्तमान में, इस प्रक्रिया के माध्यम से लगभग 3.7 मिलियन बिटकॉइन (200+ बिलियन मूल्य) खो गए हैं। टोकन को एक टोकन को नियंत्रित करने वाले प्रोटोकॉल में बर्न फ़ंक्शन को कोड करके भी जलाया जा सकता है, लेकिन कहीं अधिक लोकप्रिय विकल्प उल्लिखित ईटर पते के माध्यम से है। टिमोथी पैटरसन नामक एक क्रिप्टोकरेंसी विश्लेषण ने दावा किया है कि प्रत्येक दिन 1,500 बिटकॉइन खो जाते हैं, जो 900 की औसत दैनिक वृद्धि (खनन के माध्यम से) से कहीं अधिक है। अंततः, एक बिंदु तक, सिक्कों का नुकसान कमी और मूल्य को बढ़ाता है।

बिटकॉइन के अपस्फीति होने का क्या अर्थ है?

बिटकॉइन एक निश्चित-आपूर्ति संपत्ति है (जिसका अर्थ है कि सिक्के की आपूर्ति की एक एल्गोरिथम सीमा है) क्योंकि 21 मिलियन को प्रचलन में लाने के बाद संभवतः कोई और सिक्के नहीं बनाए जा सकते हैं। वर्तमान में, लगभग 90% बिटकॉइन का खनन किया गया है, और प्रति वर्ष कुल आपूर्ति का लगभग 0.5% खो रहा है। रुकने के परिणामस्वरूप, बिटकॉइन 2140 के आसपास अपनी अधिकतम आपूर्ति को हिट करेगा। एक निश्चित-आपूर्ति प्रणाली का सबसे स्पष्ट लाभ यह है कि ऐसी प्रणालियाँ अपस्फीति हैं। अपस्फीति संपत्ति ऐसी संपत्ति है जिसमें समय के साथ कुल आपूर्ति कम हो जाती है, और इसलिए प्रत्येक इकाई मूल्य में बढ़ जाती है। उदाहरण के लिए, मान लें कि आप 10 अन्य लोगों के साथ एक रेगिस्तानी द्वीप पर फंसे हुए हैं, और प्रत्येक व्यक्ति के पास 1 बोतल पानी है। चूंकि कुछ लोग संभवतः अपना पानी पीएंगे, इसलिए पानी की 100 बोतलों की कुल आपूर्ति केवल कम हो सकती है। यह पानी को एक अपस्फीति संपत्ति बनाता है। जैसे-जैसे कुल आपूर्ति कम होती है, प्रत्येक पानी की बोतल तेजी से अधिक मूल्यवान हो जाती है। मान लीजिए, अब केवल 20 पानी की बोतलें बची हैं। 20 पानी की बोतलों में से प्रत्येक की कीमत 5 पानी की बोतलों के बराबर है जब सभी 100 को परिचालित किया जा रहा था। इस तरह,

अपस्फीति परिसंपत्तियों के दीर्घकालिक धारकों को अपनी होल्डिंग के मूल्य में वृद्धि का अनुभव होता है क्योंकि पूरे के सापेक्ष मौलिक मूल्य (पानी की बोतल के उदाहरण में, 100 में से 1 बोतल 1% है, जबकि 20 में से 1 5% है, जिससे प्रत्येक बोतल का मूल्य 5x अधिक हो गया है) में वृद्धि हुई है। कुल मिलाकर, एक निश्चित-आपूर्ति और अपस्फीति मॉडल, डिजिटल सोने की तरह (विशेष रूप से बिटकॉइन के संबंध में), समय के साथ प्रत्येक सिक्के या टोकन के मौलिक मूल्य में वृद्धि करेगा और कमी के माध्यम से मूल्य पैदा करेगा।

बिटकॉइन का वॉल्यूम क्या है?

ट्रेडिंग वॉल्यूम, जिसे "वॉल्यूम" के रूप में जाना जाता है, एक निर्दिष्ट समय सीमा के भीतर कारोबार किए गए सिक्कों या टोकन की संख्या है। वॉल्यूम एक निश्चित सिक्के या समग्र बाजार के सापेक्ष स्वास्थ्य को दिखा सकता है। उदाहरण के लिए, इस लेखन के समय, बिटकॉइन (BTC) की 24h मात्रा $46 बिलियन है, जबकि Litecoin (LTC), उसी समय सीमा के भीतर, $7 बिलियन का कारोबार किया। हालाँकि, यह संख्या कुछ हद तक मनमानी है; वॉल्यूम के भीतर तुलना का एक मानकीकृत साधन मार्केट कैप और वॉल्यूम के बीच का अनुपात है। उदाहरण के लिए, उपरोक्त दो सिक्कों के साथ जारी रखते हुए, बिटकॉइन का मार्केट कैप $1.1 ट्रिलियन और वॉल्यूम $46 बिलियन है, जिसका अर्थ है कि नेटवर्क पर प्रत्येक $24 में $1 का कारोबार पिछले 24 घंटों में किया गया था। लिटकोइन का मार्केट कैप $16.7 बिलियन और 24h वॉल्यूम $7 बिलियन है, जिसका अर्थ है कि नेटवर्क पर प्रत्येक $1 का $2.3 पिछले 24 घंटों में कारोबार किया गया था। मात्रा की समझ के माध्यम से, एक सिक्के के बारे में अन्य जानकारी, जैसे लोकप्रियता, अस्थिरता, उपयोगिता, और इसी तरह, को बेहतर ढंग से समझा जा सकता है। बिटकॉइन और अन्य क्रिप्टोकरेंसी की मात्रा के बारे में जानकारी नीचे पाई जा सकती है:

CoinMarketCap - coinmarketcap.com

CoinGecko - coingecko.com

बिटकॉइन का खनन कैसे किया जाता है?

बिटकॉइन को नोड्स के अनुप्रयोग के माध्यम से खनन किया जाता है (नोड्स, पुनर्कथन करने के लिए, नेटवर्क में कंप्यूटर हैं)। नोड्स जटिल हैशिंग समस्याओं को हल करते हैं, और नोड्स के मालिकों को काम की मात्रा (इसलिए, प्रूफ-ऑफ-वर्क) के अनुपात में पुरस्कृत किया जाता है। इस तरह, नोड्स के मालिक (जिन्हें खनिक कहा जाता है) बिटकॉइन को माइन कर सकते हैं।

क्या आप बिटकॉइन के साथ USD प्राप्त कर सकते हैं?

हाँ! सीधे नीचे दिए गए प्रश्न में, आप जोड़े के बारे में जानेंगे। फिएट मुद्राओं को फिएट-टू-क्रिप्टो जोड़ी के माध्यम से बिटकॉइन में और बाहर परिवर्तित किया जा सकता है। बिटकॉइन-टू-यूएसडी जोड़ी बीटीसी / यूएसडी है। अमेरिकी डॉलर बिटकॉइन और अन्य मुद्राओं के लिए उद्धरण मुद्रा हैं, जिसका अर्थ है कि यूएसडी वह मापदंड है जिससे अन्य क्रिप्टोकरेंसी की तुलना की जाती है; यही कारण है कि आप कह सकते हैं कि "बिटकॉइन ने 50,000 मारा" जबकि बिटकॉइन वास्तव में 50,000 अमेरिकी डॉलर के बराबर मूल्य पर आया है।

बिटकॉइन जोड़ी क्या है?

सभी क्रिप्टोकरेंसी जोड़े में काम करती हैं। एक जोड़ी दो क्रिप्टोकरेंसी का एक संयोजन है जो ऐसे क्रिप्टो का आदान-प्रदान करने की अनुमति देती है। एक BTC/ETH (क्रिप्टो-टू-क्रिप्टो) जोड़ी बिटकॉइन को Ethereum के लिए एक्सचेंज करने की अनुमति देती है, और इसके विपरीत। एक BTC/USD (क्रिप्टो-टू-फिएट) जोड़ी बिटकॉइन को यूएस डॉलर के लिए एक्सचेंज करने की अनुमति देती है, और इसके विपरीत। छोटी क्रिप्टोकरेंसी की बड़ी मात्रा को देखते हुए, एक्सचेंज मार्केट कुछ बड़ी क्रिप्टोकरेंसी के आसपास केंद्रित है, जो बदले में, किसी और चीज में एक्सचेंज करते हैं। उदाहरण के लिए, एक सेलो (CGLD) से Fetch.ai (FET) जोड़ी मौजूद नहीं हो सकती है, लेकिन एक CGLD/BTC और एक BTC/FET जोड़ी CGLD को FET में बदलने की अनुमति देती है। सीधे शब्दों में कहें तो जोड़े वेब हैं जो विभिन्न संपत्तियों को जोड़ते हैं। जोड़े आर्बिट्रेज के लिए भी अनुमति देते हैं, जो विभिन्न एक्सचेंजों और बाजारों के बीच जोड़ी की कीमतों में अंतर पर कारोबार कर रहा है।

क्या बिटकॉइन एथेरियम से बेहतर है?

बिटकॉइन और एथेरम के बीच महत्वपूर्ण अंतर मूल्य प्रस्ताव है। बिटकॉइन को मूल्य के भंडार के रूप में बनाया गया था, एक डिजिटल सोने के परिजन के रूप में, जबकि एथेरियम एक मंच के रूप में कार्य करता है जिस पर विकेन्द्रीकृत अनुप्रयोग (डीएपी) और स्मार्ट अनुबंध बनाए जाते हैं (ईटीएच टोकन और सॉलिडिटी प्रोग्रामिंग भाषा द्वारा संचालित)। चूंकि एथेरियम ब्लॉकचेन पर डीएपी चलाने के लिए ईटीएच की आवश्यकता होती है, इसलिए ईटीएच का मूल्य कुछ हद तक उपयोगिता से जुड़ा होता है। एक वाक्य में; बिटकॉइन एक मुद्रा है, जबकि एथेरियम एक तकनीक है, और इस संबंध में एथेरियम को बिटकॉइन के प्रतियोगी के रूप में नहीं बनाया गया था, बल्कि इसके साथ पूरक और निर्माण करने के लिए बनाया गया था। इसके लिए, कौन सा सवाल बेहतर है, एक सेब की तुलना एक ईंट से करने जैसा है; दोनों ही महान हैं कि वे क्या करते हैं और एक दूसरे पर एक को चुनना दूसरे पर मूल्य प्रस्ताव का चयन कर रहा है (उदाहरण के लिए: हमें भोजन के लिए सेब की आवश्यकता है, लेकिन आश्रय बनाने के लिए ईंट), जिसके प्रश्न का स्पष्ट या सहमत उत्तर नहीं है।

क्या आप Bitcoin से चीजें खरीद सकते हैं?

बिटकॉइन मूल्य की साझा भावना का प्रतिनिधित्व करता है; मूल्य का लेन-देन किया जा सकता है, और किसी भी अन्य मुद्रा की तरह समकक्ष या निकट-समतुल्य मूल्य की वस्तुओं के लिए आदान-प्रदान किया जा सकता है। इसके बावजूद, बिटकॉइन के साथ ज्यादातर चीजों को सीधे खरीदना काफी मुश्किल या असंभव है (उस ने कहा, विकल्प मौजूद हैं और तेजी से विस्तार कर रहे हैं)। बेशक, कोई हमेशा अपनी दी गई मुद्रा के लिए बिटकॉइन का आदान-प्रदान कर सकता है और चीजों को खरीदने के लिए मुद्रा का उपयोग कर सकता है, लेकिन सवाल बना हुआ है: आप अभी तक किसी भी आइटम को खरीदने के लिए बिटकॉइन का उपयोग क्यों नहीं कर सकते हैं जो आप अन्यथा अन्य डिजिटल भुगतान विधियों के साथ भुगतान करेंगे? ऐसा प्रश्न जटिल है, लेकिन ज्यादातर इस तथ्य के साथ करना है कि सरकार समर्थित मुद्राओं की स्थापित प्रणाली ने काफी समय तक काम किया है, जबकि क्रिप्टोकरेंसी नई हैं और सरकारी नियंत्रण और प्रभाव से बाहर काम करती हैं। वर्तमान रुझान क्रिप्टोकरेंसी को ऑनलाइन (और कुछ हद तक, ऑफ़लाइन) खुदरा विक्रेताओं, थोक विक्रेताओं और स्वतंत्र विक्रेताओं (भुगतान प्रोसेसर के साथ एकीकरण के माध्यम से, जैसे स्ट्राइप, PayPal, स्क्वायर, आदि) में बहुत हद तक एकीकृत करने की ओर इशारा करते हैं। पहले से ही, माइक्रोसॉफ्ट (एक्सबॉक्स स्टोर में), होम डिपो (फ्लेक्सा के माध्यम से), स्टारबक्स (बक्कट के माध्यम से), होल फूड्स (स्पेडन के माध्यम

से), और कई अन्य कंपनियां बिटकॉइन स्वीकार करती हैं; टिपिंग पॉइंट बिटकॉइन (अमेज़ॅन, वॉलमार्ट, टारगेट, आदि) को स्वीकार करने वाले प्रमुख ऑनलाइन खुदरा विक्रेता हैं और जिस बिंदु पर सरकारें या तो भुगतान विधि के रूप में क्रिप्टोकरेंसी के खिलाफ गले लगाती हैं या पीछे धकेलती हैं।

बिटकॉइन का इतिहास क्या है?

1991 में, पहली बार ब्लॉकों की एक क्रिप्टोग्राफिक रूप से सुरक्षित श्रृंखला की अवधारणा की गई थी। लगभग एक दशक बाद, 2000 में, स्टेगन नॉस्ट ने क्रिप्टोग्राफी सुरक्षित श्रृंखलाओं पर अपना सिद्धांत प्रकाशित किया, साथ ही व्यावहारिक कार्यान्वयन के लिए विचार भी प्रकाशित किए और उसके 8 साल बाद, सातोशी नाकामोटो ने एक श्वेत पत्र जारी किया (एक श्वेत पत्र एक संपूर्ण रिपोर्ट और गाइड है) जिसने एक ब्लॉकचेन के लिए एक मॉडल स्थापित किया। 2009 में, नाकामोटो ने पहला ब्लॉकचेन लागू किया, जिसका उपयोग उनके द्वारा विकसित क्रिप्टोकरेंसी का उपयोग करके किए गए लेनदेन के लिए सार्वजनिक खाता बही के रूप में किया गया था, जिसे बिटकॉइन कहा जाता है। अंत में, 2014 में, ब्लॉकचेन और ब्लॉकचेन नेटवर्क के लिए उपयोग के मामले क्रिप्टोक्यूरेंसी के बाहर विकसित होने लगे, इसलिए बिटकॉइन और ब्लॉकचेन की संभावनाओं को व्यापक दुनिया में खोल दिया।

आप बिटकॉइन कैसे खरीदते हैं?

बिटकॉइन को मुख्य रूप से एक्सचेंजों के माध्यम से खरीदा जा सकता है और बाद में, एक्सचेंज में या वॉलेट में रखा जा सकता है। यूएस और वैश्विक उपयोगकर्ताओं के लिए लोकप्रिय एक्सचेंज नीचे सूचीबद्ध हैं:

हमें

कॉइनबेस - coinbase.com (नए निवेशकों के लिए सर्वश्रेष्ठ)

PayPal - paypal.com (पहले से उपयोग करने वालों के लिए आसान PayPal)

Binance US - binance.us (altcoins, उन्नत निवेशकों के लिए सर्वश्रेष्ठ)

बिस्क - bisq.network (विकेन्द्रीकृत)

वैश्विक (अमेरिका में उपलब्ध नहीं/सीमित कार्यक्षमता)

Binance - binance.com (कुल मिलाकर सर्वश्रेष्ठ)

Huibo Global - huobi.com (अधिकांश प्रसाद)

7b - sevenb.io (आसान)

Crypto.com - crypto.com (न्यूनतम शुल्क)

एक बार एक्सचेंज पर खाता बन जाने के बाद, उपयोगकर्ता वांछित क्रिप्टोकरेंसी खरीदने के लिए खाते में फिएट मुद्रा स्थानांतरित कर सकते हैं।

क्या बिटकॉइन एक अच्छा निवेश है?

ऐतिहासिक शब्दों में, बिटकॉइन पिछले दशक के सबसे अच्छे निवेशों में से एक है; वापसी की चक्रवृद्धि दर प्रति वर्ष लगभग 200% रही है और 2010 में बिटकॉइन में डाले गए $ 10 की कीमत आज 7.6 मिलियन डॉलर होगी (निवेश पर आश्चर्यजनक 76,500,000% रिटर्न)। हालांकि, अतीत में बिटकॉइन द्वारा उत्पन्न तेजी से रिटर्न अनिश्चित काल तक खुद को बनाए नहीं रख सकता है, और यह सवाल कि क्या बिटकॉइन एक अच्छा निवेश होगा, पूरी तरह से एक और है। आम तौर पर, तथ्य वर्तमान में बिटकॉइन को एक अच्छी दीर्घकालिक पकड़ बनाते हैं, खासकर यदि आप विकेंद्रीकरण और ब्लॉकचेन के त्वरित रुझानों में विश्वास करते हैं। उस ने कहा, कई ब्लैक स्वान इवेंट बिटकॉइन को अत्यधिक नुकसान पहुंचा सकते हैं, और कई प्रतियोगी बिटकॉइन के स्थान से आगे निकल सकते हैं। निवेश करने का सवाल तथ्य द्वारा समर्थित होना चाहिए, लेकिन आपके आधार पर: आप जितना जोखिम लेने को तैयार हैं, वह राशि जो आप जोखिम लेने में सक्षम हैं और जोखिम उठाने को तैयार हैं, और इसी तरह। इसलिए, क्या आप शोध करते हैं, यथासंभव तर्कसंगत रूप से सोचते हैं, और व्यापारिक निर्णय लेते हैं जिन्हें आपको पछतावा नहीं होगा।

क्या बिटकॉइन क्रैश हो जाएगा?

बिटकॉइन एक बहुत ही चक्रीय संपत्ति है और नियमित रूप से दुर्घटनाग्रस्त हो जाती है। लंबी अवधि के बिटकॉइन धारकों के लिए, फ्लैश क्रैश और निरंतर भालू अवधि की संभावना बहुत अधिक है। बिटकॉइन 2012 के बाद से तीन अलग-अलग बार 80% या उससे अधिक (अन्य बाजारों में विनाशकारी मानी जाने वाली संख्या) दुर्घटनाग्रस्त हो गया है; सभी घटनाओं में, यह तेजी से वापस आ गया है। यह सब आंशिक रूप से है क्योंकि बिटकॉइन अभी भी अपने मूल्य खोज चरण में है और गोद लेने के मामले में तेजी से बढ़ रहा है, इसलिए अस्थिरता बड़े पैमाने पर चल रही है। संक्षेप में; ऐतिहासिक रूप से बोलते हुए, जबकि बिटकॉइन निस्संदेह दुर्घटनाग्रस्त हो जाएगा, यह निस्संदेह भी ठीक हो जाएगा।

बिटकॉइन का PoW सिस्टम क्या है?

एक PoW एल्गोरिथम का उपयोग लेनदेन की पुष्टि करने और किसी दिए गए ब्लॉकचेन पर नए ब्लॉक बनाने के लिए किया जाता है। PoW, जिसका अर्थ है कार्य का प्रमाण, शाब्दिक अर्थ है कि ब्लॉक बनाने के लिए कार्य (गणितीय समीकरणों के माध्यम से) की आवश्यकता होती है। जो लोग काम करते हैं वे खनिक हैं, और खनिकों को इक्विटी के माध्यम से उनके कम्प्यूटेशनल प्रयास के लिए पुरस्कृत किया जाता है।

बिटकॉइन हॉल्टिंग क्या है?

हॉल्टिंग एक आपूर्ति तंत्र है जो उस दर को नियंत्रित करता है जिस पर सिक्कों को एक निश्चित-आपूर्ति क्रिप्टोकरेंसी में जोड़ा जाता है। विचार और प्रक्रिया को बिटकॉइन द्वारा लोकप्रिय बनाया गया था, जो हर 4 साल में आधा हो जाता है। खनन पुरस्कारों में एक क्रमादेशित कमी द्वारा हॉल्टिंग को गति में सेट किया गया है; ब्लॉक पुरस्कार खनिकों (वास्तव में, कंप्यूटर) को दिए गए पुरस्कार हैं जो किसी दिए गए ब्लॉकचेन नेटवर्क में लेनदेन को संसाधित और मान्य करते हैं। 2016 से 2020 तक, बिटकॉइन नेटवर्क के सभी कंप्यूटरों (जिन्हें नोड्स कहा जाता है) ने सामूहिक रूप से हर 10 मिनट में 12.5 बिटकॉइन कमाए, और यह प्रचलन में प्रवेश करने वाले बिटकॉइन की संख्या थी। हालाँकि, 11 मई, 2020 के बाद, पुरस्कार उसी समय सीमा के अनुसार 6.25 बिटकॉइन तक गिर गए। इस तरह, खनन किए गए प्रत्येक 210,000 ब्लॉकों के लिए, जो लगभग हर चार साल के बराबर होता है, ब्लॉक पुरस्कार तब तक आधे होते रहेंगे जब तक कि वर्ष 2040 के आसपास 21 मिलियन सिक्कों की अधिकतम सीमा तक नहीं पहुंच जाती। इस प्रकार, हॉल्टिंग से मांग में बदलाव न करते हुए आपूर्ति कम करके बिटकॉइन और अन्य क्रिप्टोकरेंसी के मूल्य में वृद्धि होने की संभावना है। कमी, जैसा कि उल्लेख किया गया है, ड्राइव मूल्य, और बढ़ती मांग के साथ संयुक्त सीमित आपूर्ति अधिक से अधिक कमी पैदा करती है। इस कारण से, हॉल्टिंग ने

ऐतिहासिक रूप से बिटकॉइन की कीमत को बढ़ा दिया है और संभवतः यह दीर्घकालिक विकास उत्प्रेरक होगा। medium.com को चित्रा श्रेय।

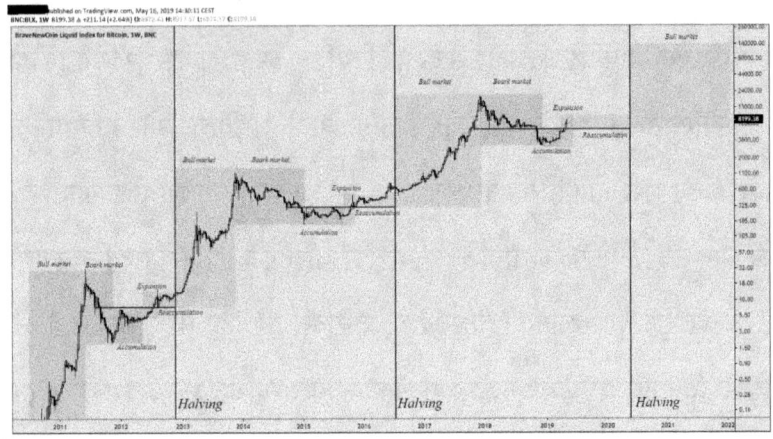

---

[25] https://medium.com/coinmonks/how-the-bitcoin-halving-impacts-bitcoins-price-ac7ba87706f1

बिटकॉइन अस्थिर क्यों है?

बिटकॉइन अभी भी अपने "मूल्य खोज चरण" में है, जिसका अर्थ है कि बाजार इतनी तेजी से बढ़ रहा है कि बिटकॉइन का सही मूल्य अज्ञात है। इसलिए, कथित मूल्य बाजार चलाता है (बिटकॉइन अस्थिरता का प्रबंधन करने के लिए किसी भी संगठन की कमी से आगे) और कथित मूल्य समाचार, अफवाहों आदि से बहुत आसानी से प्रभावित होता है। आखिरकार, बिटकॉइन कम अस्थिर हो जाएगा, लेकिन इसमें निश्चित रूप से काफी समय लग सकता है।

क्या मुझे बिटकॉइन में निवेश करना चाहिए?

आपको बिटकॉइन में निवेश करना चाहिए या नहीं, यह सवाल केवल बिटकॉइन का मामला नहीं है, बल्कि आप का भी है। बिटकॉइन एक अंतर्निहित जोखिम वहन करता है, एक सट्टा और अस्थिर संपत्ति होने के नाते, और जबकि संभावित उल्टा बड़े पैमाने पर है, जोखिम और इनाम की दोधारी तलवार को ध्यान में रखा जाना चाहिए। सबसे अच्छी बात यह है कि आप बिटकॉइन, क्रिप्टोकरेंसी और ब्लॉकचेन (साथ ही ऐसे विषयों और वास्तविक दुनिया के विकास में रुझान) के बारे में जितना संभव हो उतना सीखें, और उस जानकारी को अपनी जोखिम सहनशीलता, वित्तीय स्थिति और जो भी अन्य चर आपके निवेश निर्णय को प्रभावित कर सकते हैं।

मैं बिटकॉइन में सफलतापूर्वक निवेश कैसे करूं?

ये 5 नियम आपको बिटकॉइन में सफलतापूर्वक निवेश करने में मदद करेंगे, क्योंकि पैसा और व्यापार भावनात्मक अनुभव हैं:

- ❖ कुछ भी हमेशा के लिए नहीं रहता है
- ❖ नहीं होता, होना चाहिए था, हो सकता था
- ❖ भावुक मत बनो
- ❖ विविधता
- ❖ कीमतें मायने नहीं रखती

कुछ भी हमेशा के लिए नहीं रहता है

2021 की शुरुआत में इस लेखन के रूप में, क्रिप्टो बाजार एक बुलबुले में है। इसे क्रिप्टो आशावादी के रूप में कहा जाता है। लोग जो अविश्वसनीय रिटर्न कमा रहे हैं और व्यावहारिक रूप से सभी सिक्कों के अविश्वसनीय अपट्रेंड बस अस्थिर हैं; यदि यह हमेशा के लिए रहता है, तो कोई भी किसी भी चीज़ में पैसा लगा सकता है और बड़े पैमाने पर लाभ कमा सकता है। इसका मतलब यह नहीं है कि बाजार शून्य पर जा रहा है या विकास को चलाने वाली अवधारणाएं विफल हो जाएंगी; मैं बस यह मामला बना रहा हूं कि, कुछ बिंदु पर, जबरदस्त विकास धीमा

हो जाएगा। यह धीमा और धीरे-धीरे या तेज हो सकता है, जैसा कि तेजी से दुर्घटना के मामले में होता है। ऐतिहासिक रूप से, बिटकॉइन ने चक्रों के माध्यम से संचालित किया है जिसमें बड़े पैमाने पर बुल रन शामिल हैं, जिनमें से सबसे बड़ा 2017 के अंत में, मार्च से जुलाई 2019 तक, और फिर 2020 के नवंबर से इस लेखन के समय, अप्रैल 2021 तक हुआ। उल्लिखित बुल रन में, क्रमश:, बिटकॉइन लगभग 15x (2017), 3x (2019) और अब, वर्तमान बुल रन में, 10x और गिनती में चला गया। पिछले एक मामले में जिसमें बिटकॉइन 15x से अधिक बढ़ गया था, अगले वर्ष का बेहतर हिस्सा तब 20k से 4k तक दुर्घटनाग्रस्त हो गया था। यह उल्लिखित बिटकॉइन चक्रों के विचार का समर्थन करता है, जिसमें पहले बड़े पैमाने पर अपट्रेंड होता है, और फिर उच्च चढ़ाव पर दुर्घटनाग्रस्त हो जाता है। इसका मतलब कई चीजें हैं: एक, अगर बिटकॉइन दुर्घटनाग्रस्त हो रहा है तो यह एक अच्छी शर्त है। दो, यदि बिटकॉइन और क्रिप्टो बाजार ऊपर जा रहा है, जबकि आप इसे पढ़ रहे हैं, तो यह शायद अगले कुछ वर्षों में किसी बिंदु पर नीचे जाएगा। यदि आप इसे पढ़ते समय नीचे जा रहे हैं, तो यह संभवत: अगले कुछ वर्षों में वास्तव में बड़े पैमाने पर बढ़ जाएगा। बेशक, बाजार पारिस्थितिकी तंत्र बदलने के लिए उत्तरदायी है, लेकिन यह सटीक बिंदु है। यह मानते हुए कि क्रिप्टोकरेंसी बड़े पैमाने पर गोद लेने तक पहुंचती है और धन, व्यवसाय और सामान्य जीवन के सभी पहलुओं का एक अभिन्न अंग बन जाती है, *इसे किसी बिंदु पर स्थिर करना होगा।* वह बिंदु 2021, 2023 या 2030 में हो सकता है। यह

संभवत: कुछ हद तक कम अस्थिर बाजार में स्थिर होने से पहले कई बार दुर्घटनाग्रस्त हो जाएगा और बढ़ेगा, कम से कम अपने पूर्व स्व के सापेक्ष।

नहीं होता, होना चाहिए था, हो सकता था

यह नियम एक लोकप्रिय और दिग्गज स्टॉक ट्रेडर और शो मैड मनी के होस्ट जिम क्रैमर से लिया गया है। यह अवधारणा सभी निवेशों में काम करती है, जीवन के सभी क्षेत्रों में उल्लेख नहीं करने के लिए, और #31 पर शासन करने के लिए संबंध रखती है। इस विचार का प्रतिनिधित्व किसी के पास नहीं होगा, नहीं होना चाहिए, और कोई नहीं हो सकता है। इसका मतलब यह है कि यदि आप एक खराब व्यापार करते हैं, तो यह सोचने के लिए कुछ मिनट लें कि आप इससे कैसे सीख सकते हैं और सुधार कर सकते हैं; फिर, उन कुछ मिनटों के बाद, इस बारे में मत सोचो कि तुमने क्या *किया होता*, तुम्हें क्या *करना चाहिए* था, या तुम क्या *कर सकते* थे। यह आपको एक साथ पवित्रता बनाए रखते हुए सीखने और सुधार करने की अनुमति देगा, क्योंकि, दिन के अंत में, आप हमेशा इसे बेहतर कर सकते थे। नुकसान के बारे में खुद को मत मारो और जीत को अपने सिर पर न आने दो।

भावुक मत बनो

भावना तकनीकी व्यापार का विरोधी है। तकनीकी व्यापार ऐतिहासिक डेटा पर वर्तमान और भविष्य की कार्रवाई को आधार बनाता है और दुख की बात है कि बाजार को परवाह नहीं है कि आप कैसा महसूस करते हैं। भावना, अधिक बार

नहीं ("नहीं" केवल एक बुरी प्रक्रिया के माध्यम से एक अच्छा निर्णय लेने की यादृच्छिक घटना के कारण) केवल आपको चोट पहुंचाएगी और आपके द्वारा विकसित की गई व्यापारिक रणनीतियों से दूर ले जाएगी। कुछ लोग व्यापार के जोखिम और भावनात्मक रोलरकोस्टर के साथ स्वाभाविक रूप से सहज हैं; यदि आप नहीं हैं, तो आप ट्रेडिंग के मनोविज्ञान के बारे में सीखने पर विचार कर सकते हैं (क्योंकि भावनाओं को समझना स्वीकृति, तर्कसंगतता और नियंत्रण का पूर्ववर्ती है) और बस खुद को समय देकर। मौलिक विश्लेषण और मध्य-से-दीर्घकालिक व्यापार के लिए अभी भी इस सब की आवश्यकता है, लेकिन कुछ हद तक।

विविधता

विविधीकरण काउंटर जोखिम। और, जैसा कि हम जानते हैं, क्रिप्टो जोखिम भरा है। जबकि क्रिप्टोकरेंसी में निवेश करने वाला कोई भी व्यक्ति दोनों मानता है और संभवत: एक निश्चित स्तर के जोखिम (जोखिम-वापसी ट्रेडऑफ सिद्धांत के कारण) की तलाश करता है, आपके पास (शायद) एक निश्चित स्तर का जोखिम होता है जिसके साथ आप सहज नहीं होते हैं। विविधीकरण आपको जोखिम के उस अधिकतम भार के भीतर रहने में मदद करता है। जबकि मैं आपकी अनूठी स्थिति से बात नहीं कर सकता, मैं किसी भी क्रिप्टो निवेशक को कुछ हद तक विविध पोर्टफोलियो बनाए रखने की सलाह दूंगा, चाहे आप किसी परियोजना में कितना भी विश्वास करें। फंड आवंटन (आमतौर पर) बिटकॉइन, एथेरियम या ईटीएच विकल्पों (जैसे कार्डानो, बीएनबी, आदि) और कुछ नकदी

के साथ विभिन्न altcoins के बीच विभाजित किया जाना चाहिए। जबकि सटीक प्रतिशत व्यक्तिगत स्थिति (35/25/30/10, 60/25/10/5, 20/20/40/20, आदि) के आधार पर भिन्न होते हैं, अधिकांश पेशेवर इस बात से सहमत होंगे कि यह निवेश करने का सबसे टिकाऊ तरीका है, बाजार भर में लाभ पर कब्जा करें, और एक या कुछ गलत निर्णयों के कारण अपने पोर्टफोलियो का एक बड़ा प्रतिशत खोने की संभावना कम करें। हालाँकि, जो कुछ भी कहा गया है, कुछ निवेशक केवल एक या दो शीर्ष-50 क्रिप्टो में पैसा लगाते हैं और अपने अधिकांश धन को स्मॉल-कैप ऑल्टकॉइनों में डालते हैं। दिन के अंत में, एक ऐसी रणनीति स्थापित करें जो आपकी स्थिति, संसाधनों और व्यक्तित्व के अनुकूल हो, और फिर उस रणनीति की सीमाओं के भीतर विविधता लाएं।

कीमत मायने नहीं रखती

कीमत काफी हद तक अप्रासंगिक है क्योंकि आपूर्ति और प्रारंभिक मूल्य दोनों निर्धारित किए जा सकते हैं। सिर्फ इसलिए कि Binance Coin ($500 पर है और Ripple (XRP) $1.80 पर है इसका मतलब यह नहीं है कि XRP की कीमत 277x BNB है; वास्तव में, दोनों सिक्के वर्तमान में एक दूसरे के मार्केट कैप के 10% के भीतर हैं। जब एक क्रिप्टोक्यूरेंसी पहली बार बनाई जाती है, तो आपूर्ति संपत्ति के पीछे टीम द्वारा निर्धारित की जाती है; टीम 1 ट्रिलियन सिक्के या 10 मिलियन बनाने का विकल्प चुन सकती है। इसलिए, XRP और BNB को देखते हुए, हम देख सकते हैं कि रिपल के प्रचलन में लगभग 45 बिलियन सिक्के हैं और Binance Coin में 150 मिलियन हैं। इस तरह, कीमत वास्तव में मायने नहीं

रखती है। $ 0.0003 पर एक सिक्का मार्केट कैप, परिसंचारी आपूर्ति, मात्रा, उपयोगकर्ताओं, उपयोगिता, आदि के मामले में $ 10,000 पर एक सिक्के से अधिक मूल्य का हो सकता है। आंशिक शेयरों के कारण कीमत भी कम मायने रखती है, जो निवेशकों को कीमत की परवाह किए बिना किसी सिक्के या टोकन में किसी भी राशि का निवेश करने देती है। कई अन्य मीट्रिक बहुत अधिक महत्वपूर्ण हैं और कीमत से पहले अच्छी तरह से विचार किया जाना चाहिए। उस ने कहा, कीमतें मनोविज्ञान के परिणामस्वरूप मूल्य कार्रवाई को प्रभावित कर सकती हैं। उदाहरण के लिए: बिटकॉइन का $50,000 पर मजबूत प्रतिरोध है और इस प्रतिरोध का अधिकांश हिस्सा इस तथ्य से आ सकता है कि $50,000 एक अच्छी, गोल संख्या है जिस पर बहुत से लोग ऑर्डर खरीदते हैं और ऑर्डर बेचते हैं। इस और अन्य जैसी स्थितियों के माध्यम से, मनोविज्ञान मूल्य कार्रवाई का एक व्यवहार्य हिस्सा है और इसलिए, विश्लेषण।

क्या बिटकॉइन का आंतरिक मूल्य है?

नहीं, बिटकॉइन का आंतरिक मूल्य नहीं है। बिटकॉइन के बारे में कुछ भी नहीं मांग करता है कि इसका मूल्य है; बल्कि, मूल्य उपयोगकर्ता-जनित है। हालांकि, इस तरह की परिभाषा के अनुसार, दुनिया की सभी मुद्राएं जो सोने या चांदी के मानक द्वारा समर्थित नहीं हैं, उनका कोई आंतरिक मूल्य भी नहीं है (भौतिक उपयोग के अलावा, जो महत्वहीन है)। इसलिए, एक अर्थ में, सभी पैसे का केवल किसी भी डिग्री का मूल्य होता है क्योंकि हम सहमत होते हैं कि यह करता है, और आंतरिक मूल्य की कमी के कारण बिटकॉइन के उपयोग के खिलाफ या उसके उपयोग के लिए कोई भी तर्क फिएट मुद्राओं पर भी लागू किया जाना चाहिए।

क्या बिटकॉइन पर टैक्स लगता है?

जैसा कि कहा जाता है, हम करों से बच नहीं सकते हैं, और ऐसा विचार निश्चित रूप से उद्योग की गुमनाम और अनियमित प्रकृति के बावजूद क्रिप्टोक्यूरेंसी पर लागू होता है। सबसे सटीक जानकारी के लिए, आपको अपने देश में डिजिटल मुद्रा कर के बारे में अधिक जानने के लिए अपने कर-संग्रह संगठन की वेबसाइट पर जाना चाहिए। उस ने कहा, निम्नलिखित जानकारी यूएस-सेट नियमों पर एक स्पॉटलाइट रखती है:

- 2014 में, आईआरएस ने घोषणा की कि आभासी मुद्राएं संपत्ति हैं, मुद्रा नहीं।

- यदि क्रिप्टोकरेंसी वस्तुओं या सेवाओं के भुगतान के रूप में प्राप्त होती है, तो उचित बाजार मूल्य (USD में) पर आय के रूप में कर लगाया जाना चाहिए।

- यदि आप एक सिक्का या टोकन एक वर्ष से अधिक समय तक रखते हैं, तो इसे दीर्घकालिक लाभ के रूप में वर्गीकृत किया जाता है, और यदि आपने इसे एक वर्ष के भीतर खरीदा और बेचा है, तो यह एक अल्पकालिक लाभ है। अल्पकालिक लाभ दीर्घकालिक लाभ की तुलना में उच्च करों के अधीन हैं।

- खनन आभासी मुद्राओं से आय को स्व-रोजगार आय के रूप में माना जाता है (यह मानते हुए कि दिया गया व्यक्ति कर्मचारी नहीं है) और यूएसडी में डिजिटल मुद्राओं के उचित समकक्ष मूल्य के अनुसार स्व-रोजगार कर के अधीन है। $3,000 तक के नुकसान की पहचान की जा सकती है।

- जब डिजिटल मुद्राएं बेची जाती हैं, तो लाभ या हानि पूंजीगत लाभ कर के अधीन होती है (चूंकि डिजिटल मुद्राओं को संपत्ति के रूप में माना जाता है) जैसे कि स्टॉक बेचा गया था।

क्या बिटकॉइन 24/7 ट्रेड करता है?

बिटकॉइन 24/7 काम करता है। यह, बड़े हिस्से में, इस तथ्य के कारण है कि इसका उपयोग दुनिया भर में किया जाना है, वास्तव में अंतरमहाद्वीपीय उपकरण के रूप में, और समय क्षेत्र को देखते हुए, 24/7 ऑपरेशन के अलावा कुछ भी उस मानदंड को पूरा नहीं करेगा। ऐसा न करने के लिए कोई प्रोत्साहन भी नहीं है।

क्या बिटकॉइन जीवाश्म ईंधन का उपयोग करता है?

हाँ, Bitcoin जीवाश्म क्षेत्रों का उपयोग करता है। वास्तव में, कई जीवाश्म-ईंधन बिजली संयंत्रों ने क्रिप्टोकरेंसी को माइन करने के लिए आवश्यक शक्ति प्रदान करने में नया जीवन पाया है। बिटकॉइन कम्प्यूटेशनल आवश्यकताओं के माध्यम से विशुद्ध रूप से एक छोटे देश के रूप में उतनी शक्ति का उपयोग करता है, जो वैश्विक बिजली उत्पादन के लगभग 0.55% के बराबर है। जाहिर है, बिटकॉइन उपयोगकर्ता और खनिक जीवाश्म ईंधन का उपयोग नहीं करना चाहते हैं और नवीकरणीय ऊर्जा स्रोतों के लिए संक्रमण एक प्रमुख लक्ष्य है, लेकिन गैस से चलने वाली कारों और अन्य दैनिक गतिविधियों की भीड़ के बारे में भी यही कहा जा सकता है जो अधिक खपत करते हैं बिटकॉइन की तुलना में जीवाश्म ईंधन। समस्या वास्तव में राय के लिए नीचे आती है; जो लोग बिटकॉइन को दुनिया में एक अग्रणी शक्ति के रूप में देखते हैं जो अस्थिर वित्तीय पारिस्थितिक तंत्र में लोगों की सहायता करते हैं और लेनदेन में अधिक सुरक्षा और गोपनीयता को सक्षम बनाते हैं, वे 0.55% वैश्विक ऊर्जा उपयोग (विशेष रूप से स्वच्छ ऊर्जा के लिए दीर्घकालिक संक्रमण का वादा किया गया है) से चिंतित नहीं होंगे, जबकि जो लोग बिटकॉइन को बेकार या घोटाले के रूप में देखते हैं, वे बिल्कुल विपरीत महसूस करने की संभावना रखते हैं। यह ध्यान दिया जाना चाहिए कि

कुछ क्रिप्टोक्यूरेंसी विकल्प बिटकॉइन (कार्डानो, एडीए), कार्बन-तटस्थ (बिटग्रीन, बीआईटीजी), या कार्बन-नकारात्मक (ईगोल्ड, ईजीएलडी) की तुलना में बहुत कम कार्बन-गहन हैं।

क्या बिटकॉइन 100k तक पहुंच जाएगा?

बिटकॉइन के प्रति सिक्का $ 100,000 तक पहुंचने की संभावना है। इसका मतलब यह नहीं है कि यह जल्द ही होगा, या यह एक निश्चित बात है; बिटकॉइन की अपस्फीति प्रकृति, ऐतिहासिक रिटर्न, गोद लेने के रुझान (यदि आप रुचि रखते हैं, तो प्रौद्योगिकी में "एस" वक्र पर शोध करें), और फिएट मुद्रास्फीति संभावित रूप से $ 100,000 तक मूल्य वृद्धि प्रदान करती है। महत्वपूर्ण प्रश्न यह नहीं है कि क्या यह $100,000 तक पहुँचेगा, बल्कि यह कब $100,000 तक पहुँचेगा। इस तरह के अधिकांश अनुमान सबसे अच्छे रूप में, शिक्षित अटकलें हैं।

क्या बिटकॉइन 1 मिलियन हिट करेगा?

$ 100,000 के विपरीत, बिटकॉइन $ 1 मिलियन तक पहुंचने के लिए कुछ गंभीर पैमाने की आवश्यकता होती है। ईटोरो के सीईओ इकबाल ग्रांधा ने कहा है कि बिटकॉइन अपनी क्षमता को तब तक पूरा नहीं करेगा जब तक कि इसकी कीमत $ 1 मिलियन प्रति सिक्का न हो, क्योंकि उस समय प्रत्येक सातोशी (जो कि बिटकॉइन का सबसे छोटा विभाजन है) की कीमत $ 1 सेंट होगी। पैमाने की अर्थव्यवस्थाओं और दुनिया भर में बड़े पैमाने पर गोद लेने की संभावना को देखते हुए (ऐसे मामले में, बिटकॉइन एक सार्वभौमिक आरक्षित मुद्रा के रूप में कार्य करेगा), यह संभव है कि कीमत $ 1 मिलियन तक पहुंच सकती है। हालाँकि, एक और क्रिप्टोकरेंसी आसानी से इस स्थान को ले सकती है, साथ ही सरकार समर्थित स्थिर स्टॉक या डिजिटल मुद्राएँ भी। संयोजन में, यह ध्यान दिया जाना चाहिए कि फिएट मुद्राएं मुद्रास्फीति हैं, और बिटकॉइन अपस्फीतिकर है। यह मूल्य गतिशील लंबी अवधि में $ 1 मिलियन अधिक संभावना प्रदान करता है। अंततः, हालांकि, यह किसी का अनुमान है कि क्या होना चाहिए, और $ 1 मिलियन प्रति सिक्का मूल्यांकन सट्टा बना हुआ है।

क्या बिटकॉइन इतनी तेजी से बढ़ता रहेगा?

नहीं। यह सचमुच असंभव है। बिटकॉइन ने पिछले 10 वर्षों से निवेशकों को प्रति वर्ष लगभग 200% लौटाया है[26], जो दशक में 5.2 मिलियन प्रतिशत रिटर्न के लिए काम करता है। इस लेखन के समय बिटकॉइन के मार्केट कैप को देखते हुए, 200% की निरंतर चक्रवृद्धि वृद्धि 4 से 5 वर्षों में दुनिया की पूरी मौद्रिक आपूर्ति को खत्म कर देगी। इसलिए, जबकि यह पूरी तरह से संभव है कि बिटकॉइन ऊपर जाता रहेगा, विकास की वर्तमान दर बेहद अस्थिर है। लंबी अवधि में, विकास सपाट होना चाहिए और अस्थिरता कम होने की संभावना है।

---

[26] 196.7%, जैसा कि CaseBitcoin द्वारा गणना की गई है

बिटकॉइन फोर्क्स क्या हैं?

एक कांटा एक नए ब्लॉकचेन की घटना है जो दूसरे ब्लॉकचेन से बनाया जा रहा है। बिटकॉइन में 105 कांटे हैं, जिनमें से सबसे बड़ा वर्तमान बिटकॉइन कैश है। कांटे तब होते हैं जब एक एल्गोरिथ्म दो अलग-अलग संस्करणों में विभाजित होता है। दो प्रकार के कांटे मौजूद हैं। एक कठिन कांटा एक कांटा है जो तब होता है जब नेटवर्क में सभी नोड्स ब्लॉकचेन के एक नए संस्करण में अपग्रेड होते हैं और पुराने संस्करण को पीछे छोड़ देते हैं; फिर दो पथ बनाए जाते हैं: नया संस्करण और पुराना संस्करण। एक नरम कांटा पुराने नेटवर्क को अमान्य प्रदान करके इसके विपरीत है; इसका परिणाम सिर्फ एक ब्लॉकचेन में होता है।

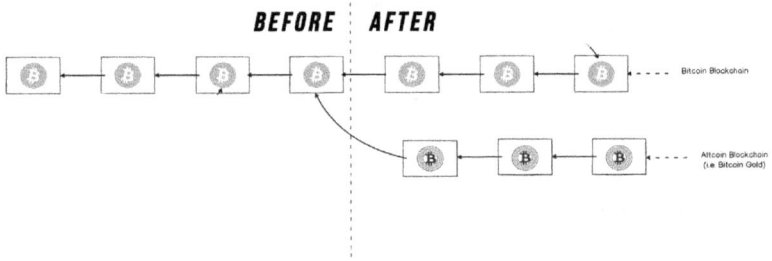

[27]

---

[27] Egidio.casati की एक छवि के आधार पर, CC BY-SA 4.0 <https://creativecommons.org/licenses/by-sa/4.0>

बिटकॉइन में उतार-चढ़ाव क्यों होता है?

शेयर बाजार के साथ, मांग और आपूर्ति के अनुसार कीमत बढ़ती और गिरती है। मांग और आपूर्ति, बदले में, ब्लॉकचेन, समाचार, प्रतियोगियों, आंतरिक शासन और व्हेल (बड़े धारकों) पर बिटकॉइन के उत्पादन की लागत से प्रभावित होती है। बिटकॉइन उतना अस्थिर क्यों है, इस बारे में जानकारी के लिए, कृपया इस विषय पर अन्य प्रश्नों की भीड़ देखें।

बिटकॉइन वॉलेट कैसे काम करते हैं?

एक क्रिप्टो वॉलेट क्रिप्टो होल्डिंग्स को प्रबंधित करने के लिए उपयोग किया जाने वाला इंटरफ़ेस है। कॉइनबेस वॉलेट और एक्सोडस आम वॉलेट हैं। एक खाता, बदले में, सार्वजनिक और निजी कुंजी की एक जोड़ी है जिससे आप अपने फंड को नियंत्रित कर सकते हैं, जो ब्लॉकचेन पर संग्रहीत हैं। सीधे शब्दों में कहें, वॉलेट ऐसे खाते हैं जो बैंक की तरह ही आपके लिए आपकी होल्डिंग को स्टोर करते हैं।

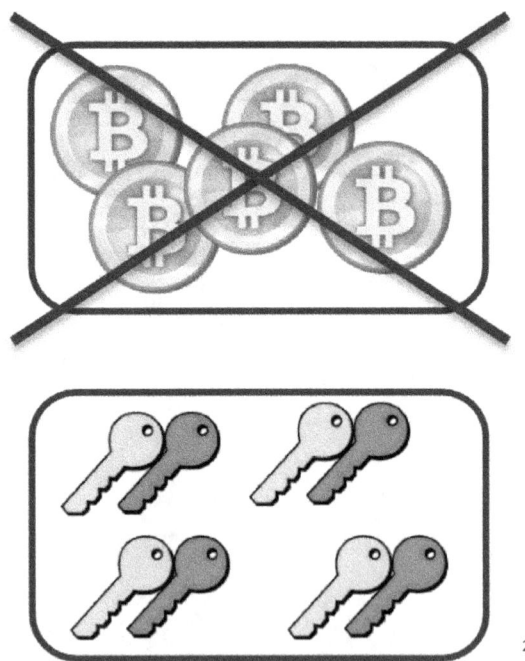

[28]

---

[28] मैथस वांडर / सीसी बाय-एसए 3.0)

* वॉलेट में सिक्के नहीं होते हैं। वॉलेट में निजी और सार्वजनिक कुंजी के जोड़े होते हैं, जो होल्डिंग्स तक पहुंच प्रदान करते हैं।

क्या Bitcoin सभी देशों में काम करता है?

बिटकॉइन कंप्यूटर का एक विकेन्द्रीकृत नेटवर्क है; सभी पते अनब्लॉक करने योग्य हैं और इसलिए वेब कनेक्शन के साथ कहीं भी पहुंच योग्य हैं। उन देशों में जहां बिटकॉइन अवैध है (जिनमें से सबसे बड़े चीन और रूस हैं), सभी सरकार बुनियादी ढांचे (विशेष रूप से खनन खेतों) और बिटकॉइन के उपयोग पर नकेल कस सकती है। रूस जैसे स्थानों में, बिटकॉइन वास्तव में विनियमित नहीं है, बल्कि, वस्तुओं और सेवाओं के भुगतान के रूप में बिटकॉइन का उपयोग अवैध है। अधिकांश अन्य देश इस मॉडल का पालन करते हैं, क्योंकि, फिर से, बिटकॉइन को अवरुद्ध करना असंभव है। वास्तव में, एसईसी के हेस्टर पीयर्स ने कहा है कि "सरकारें बिटकॉइन पर प्रतिबंध लगाने के लिए मूर्ख होंगी। इसे देखते हुए, यह निष्कर्ष निकाला जा सकता है कि बिटकॉइन सभी देशों में काम करता है, हालांकि कुछ चुनिंदा लोगों में सिक्के का स्वामित्व या उपयोग करना अवैध है।

कितने लोगों के पास Bitcoin है?

सबसे अच्छा अनुमान[29] वर्तमान में लगभग 100 मिलियन वैश्विक धारकों की संख्या रखता है, जो प्रत्येक 55 वयस्कों में लगभग 1 के लिए जिम्मेदार है। उस ने कहा, क्रिप्टो नेटवर्क की अनाम प्रकृति को देखते हुए, सही संख्या अज्ञात है। यह कहा जा सकता है कि उपयोगकर्ता की वृद्धि उच्च दोहरे अंकों में है, बिटकॉइन में प्रति दिन कई सौ हजार लेनदेन हैं, 2+ बिलियन लोगों ने बिटकॉइन के बारे में सुना है, और लगभग आधा बिलियन बिटकॉइन पते कुल मिलाकर मौजूद हैं।

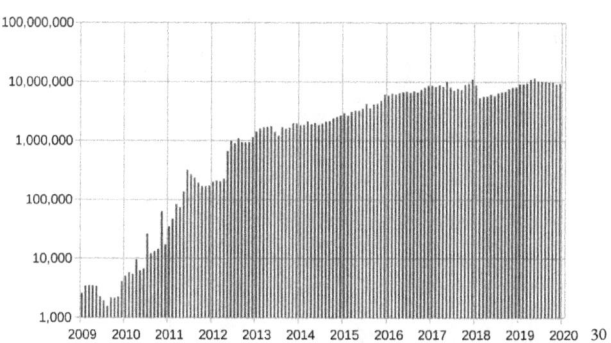

[30]

* प्रति माह बिटकॉइन लेनदेन की संख्या, 2020 तक।

29 buybitcoinworldwide.com

30 लादिस्लाव मेकिर / सीसी बाय-एसए 4.0

सबसे ज्यादा बिटकॉइन किसके पास है?

बिटकॉइन के रहस्यमय संस्थापक, सातोशी नाकामोटो, सबसे अधिक बिटकॉइन के मालिक हैं। उनके पास कई वॉलेट में 1.1 मिलियन BTC हैं, जिससे उन्हें दसियों अरबों में निवल मूल्य मिलता है। यदि बिटकॉइन $ 180,000 तक पहुंच जाते हैं, तो सातोशी नाकामोटो पृथ्वी पर सबसे अमीर व्यक्ति बन जाएगा। सातोशी नाकामोटो के बाद, विंकलेवॉस जुड़वाँ और विभिन्न कानून प्रवर्तन एजेंसियां सबसे बड़े धारक हैं (2013 में इंटरनेट ब्लाक बाजार बंद होने वाले सिल्क रोड की संपत्ति को जब्त करने के बाद एफबीआई सबसे बड़े बिटकॉइन धारकों में से एक बन गया)।

क्या आप एल्गोरिदम के साथ बिटकॉइन का व्यापार कर सकते हैं?

इस प्रश्न का उत्तर देने के लिए, मैं क्रिप्टोक्यूरेंसी तकनीकी विश्लेषण के बारे में अपनी पुस्तकों में से एक का एक अंश शामिल करूंगा। यह सभी आधारों को कवर करता है और कुछ पृष्ठों से अधिक पर कब्जा कर लेता है, इसलिए यदि आप एक संक्षिप्त उत्तर की तलाश में हैं तो मैं कहूंगा कि आप कर सकते हैं, लेकिन यह मुश्किल है।

एल्गोरिथम ट्रेडिंग आपके लिए पैसा बनाने के लिए कंप्यूटर प्राप्त करने की कला है। या, कम से कम, यह लक्ष्य है। एल्गो व्यापारी, जैसा कि कठबोली जाता है, नियमों के एक सेट की पहचान करने का प्रयास करते हैं, यदि व्यापार करने के लिए नींव के रूप में उपयोग किया जाता है, तो लाभ कमाते हैं। जब इन नियमों को चुना और ट्रिगर किया जाता है, तो कोड एक आदेश निष्पादित करेगा। उदाहरण के लिए: मान लें कि आप एक्सपोनेंशियल मूविंग एवरेज क्रॉसओवर (EMA) के साथ ट्रेडिंग करना पसंद करते हैं। जब भी आप बिटकॉइन के 12-दिवसीय ईएमए को 50-दिवसीय ईएमए पास करते हुए देखते हैं, तो आप 0.01 बिटकॉइन का निवेश करते हैं। फिर, आप आम तौर पर तब बेचते हैं जब आपने 5% लाभ कमाया है या, यदि यह काम नहीं कर रहा है, तो आप अपने नुकसान को

5% पर काटते हैं। इस पसंदीदा ट्रेडिंग रणनीति को एल्गोरिथम ट्रेडिंग नियमों में बदलना बहुत आसान होगा। आप एक एल्गोरिथ्म कोड करेंगे जो बिटकॉइन के सभी डेटा को ट्रैक करेगा, अपने पसंदीदा ईएमए क्रॉसओवर के दौरान अपने 0.01 बिटकॉइन का निवेश करेगा, और फिर 5% लाभ या 5% हानि पर बेचेगा। यह एल्गोरिथ्म आपके लिए तब चलेगा जब आप सोते हैं, जब आप खाते हैं, शाब्दिक रूप से 24/7 या आपके द्वारा निर्धारित समय के दौरान। चूंकि यह केवल उसी तरह ट्रेड करता है जैसा आप इसे सेट करते हैं; आप जोखिम के साथ बहुत सहज हैं। यहां तक कि अगर एल्गोरिथ्म प्रत्येक 100 ट्रेडों में से सिर्फ 51 काम करता है, तो आप तकनीकी रूप से लाभ कमा रहे हैं और बिना किसी काम के हमेशा के लिए जारी रख सकते हैं। या, आप अधिक डेटा से परामर्श कर सकते हैं और 55/100 बार, या 70/100 काम करने के लिए अपने एल्गोरिदम में सुधार कर सकते हैं। दस साल बाद, अब आप एक बहु-खरबपति हैं जो हर दिन हर सेकंड पैसा कमा रहे हैं, जबकि आप एक धूप समुद्र तट पर उष्णकटिबंधीय रस पीते हैं।

अफसोस की बात है, यह इतना आसान नहीं है, लेकिन यह एल्गोरिथम ट्रेडिंग की अवधारणा है। एक मशीन के साथ व्यापार का वास्तव में अच्छा काल्पनिक पहलू यह है कि आय सीमा व्यावहारिक रूप से असीम है (या, बहुत कम से कम, बेहद स्केलेबल)। निम्नलिखित चार्ट पर विचार करें। यह एक एल्गोरिथ्म का विज़ुअलाइज़ेशन है जो कुछ शर्तों को पूरा करने पर प्रति दिन 200 बार ट्रेड करता है। एल्गोरिथ्म 5% लाभ या 5% हानि पर स्थिति से बाहर निकल जाएगा, जैसा कि उपरोक्त उदाहरण में है। आइए मान लें कि आप एल्गोरिथ्म को काम करने

के लिए $ 10,000 देते हैं और पोर्टफोलियो का 100% प्रत्येक व्यापार में डाल दिया जाता है। लाल एक लाभहीन व्यापार (5% हानि) का प्रतीक है और हरा एक अच्छा व्यापार, 5% लाभ का प्रतीक है।

5%	5%	5%	5%	5%	5%	5%	5%	5%	5%	5%	5%	5%	5%	5%	5%	5%	5%	5%	5%
5%	5%	5%	5%	5%	5%	5%	5%	5%	5%	5%	5%	5%	5%	5%	5%	5%	5%	5%	5%
5%	5%	5%	5%	5%	5%	5%	5%	5%	5%	5%	5%	5%	5%	5%	5%	5%	5%	5%	5%
5%	5%	5%	5%	5%	5%	5%	5%	5%	5%	5%	5%	5%	5%	5%	5%	5%	5%	5%	5%
5%	5%	5%	5%	5%	5%	5%	5%	5%	5%	5%	5%	5%	5%	5%	5%	5%	5%	5%	5%
5%	5%	5%	5%	5%	5%	5%	5%	5%	5%	5%	5%	5%	5%	5%	5%	5%	5%	5%	5%
5%	5%	5%	5%	5%	5%	5%	5%	5%	5%	5%	5%	5%	5%	5%	5%	5%	5%	5%	5%
5%	5%	5%	5%	5%	5%	5%	5%	5%	5%	5%	5%	5%	5%	5%	5%	5%	5%	5%	5%
5%	5%	5%	5%	5%	5%	5%	5%	5%	5%	5%	5%	5%	5%	5%	5%	5%	5%	5%	5%
5%	5%	5%	5%	5%	5%	5%	5%	5%	5%	5%	5%	5%	5%	5%	5%	5%	5%	5%	5%

चार्ट के अनुसार, यह एल्गोरिथ्म केवल 51% समय सही है। इस मिनट के बहुमत पर, $10,000 का निवेश केवल एक दिन में $11,025, 30 दिनों में $186,791.86 हो जाएगा, और, ट्रेडिंग के एक पूरे वर्ष के बाद, परिणाम $29,389,237,672,608,055,000 होगा। यह 29 क्विंटिलियन डॉलर है, जो प्रचलन में हर एक अमेरिकी डॉलर के कुल मूल्य से लगभग 783 गुना ज्यादा है। जाहिर है, यह काम नहीं करेगा। हालांकि, आइए अब मान लें कि एल्गोरिथ्म, समान नियमों को देखते हुए, एक लाभदायक व्यापार को केवल 50.1% समय बनाता है, जिसका अर्थ है कि प्रत्येक 1,000 में से 1 अतिरिक्त लाभदायक व्यापार। 1 वर्ष के बाद, यह एल्गोरिथ्म $ 10,000 को $ 14,400 में बदल देगा। 10 वर्षों के बाद, केवल $400,000 से कम, और 50 वर्षों के बाद, $835,437,561,881.32। यह 835 बिलियन डॉलर है (मनीचिम्प के चक्रवृद्धि ब्याज कैलकुलेटर के साथ इसे अपने लिए देखें)

यह बहुत आसान लगता है। एल्गोरिदम का परीक्षण करने के लिए बस ऐतिहासिक डेटा का उपयोग करें जब तक कि आपको कम से कम 50.1% लाभदायक न मिल जाए, $ 10k प्राप्त करें, और आपके बच्चे खरबपति होंगे। अफसोस की बात है, यह काम नहीं करता है, और एल्गोरिथम व्यापारियों के सामने कुछ चुनौतियां हैं:

त्रुटियों

सबसे स्पष्ट चुनौती एक त्रुटि मुक्त एल्गोरिथ्म बनाने की है। कई सेवाएं आज प्रक्रिया को बहुत आसान बनाती हैं और इसके लिए अधिक कोडिंग अनुभव की आवश्यकता नहीं होती है, लेकिन कुछ को अभी भी कुछ स्तर की कोडिंग क्षमता और बाकी तकनीकी ज्ञान की आवश्यकता होती है। जैसा कि मुझे यकीन है कि आप कल्पना कर सकते हैं, एल्गोरिथ्म बनाने में किसी भी गलत कदम के परिणामस्वरूप खेल खत्म हो सकता है। यही कारण है कि आपको शायद इसे स्वयं कोड नहीं करना चाहिए, जब तक कि आप वास्तव में कोड करना नहीं जानते, इस मामले में आपको शायद अभी भी एक दोस्त से परामर्श करना चाहिए!

अप्रत्याशित डेटा

एक पूरे के रूप में तकनीकी विश्लेषण के साथ, उम्मीद है कि ऐतिहासिक पैटर्न दोहराने की संभावना है वह नींव है जिस पर एल्गोरिथम ट्रेडिंग टिकी हुई है। ब्लैक स्वान घटनाएं * और अप्रत्याशित कारक, जैसे समाचार, वैश्विक संकट,

त्रैमासिक रिपोर्ट, और इसी तरह, सभी एक एल्गोरिथ्म को फेंक सकते हैं और पिछली रणनीति को लाभहीन बना सकते हैं।

अनुकूलन क्षमता का अभाव

अप्रत्याशित डेटा की चुनौती को नए, प्रासंगिक डेटा को दिए गए परिस्थितियों के अनुकूल होने में असमर्थता के साथ जोड़ा जाता है। इस तरह, मैन्युअल अपडेट की आवश्यकता हो सकती है। इस समस्या का समाधान स्पष्ट रूप से एआई है जो सीखता है, सुधार करता है और परीक्षण करता है, लेकिन यह वास्तविकता से बहुत दूर है और, अगर यह काम करता है, तो शायद बाजार के लिए यह सब अच्छा नहीं होगा, क्योंकि कुछ प्रभावशाली खिलाड़ी बस इसे अपने स्वयं के उपयोग के लिए मुद्रीकृत कर सकते हैं (यह देखते हुए कि यह एक शाब्दिक धन-मुद्रण मशीन होगी) या इसे सभी के साथ साझा करें, किस मामले में आत्म-विनाश चुनौती (नीचे) लागू होती है।

फिसलन, अस्थिरता और फ्लैश क्रैश।

चूंकि एल्गोरिदम निर्धारित नियमों से खेलते हैं, इसलिए उन्हें अस्थिरता के माध्यम से "धोखा" दिया जा सकता है और फिसलन के माध्यम से लाभहीन प्रदान किया जा सकता है। उदाहरण के लिए, एक छोटा ऑल्टकॉइन सेकंड में कई प्रतिशत उछल सकता है, चाहे ऊपर या नीचे। एक एल्गोरिथ्म कीमत को सीमा बेचने के आदेश को हिट कर सकता है और परिसमापन को ट्रिगर कर सकता है, इसके बावजूद कीमत केवल पिछली कीमत या उच्चतर तक वापस कूद सकती है।

आत्म-विनाश

एक बुद्धिमान एआई की काल्पनिक घटना में जो सभी उपलब्ध डेटा के माध्यम से सॉर्ट करता है, सर्वोत्तम संभव ट्रेडिंग एल्गोरिदम की पहचान करता है, उन्हें अभ्यास में डालता है, और परिस्थितियों के अनुकूल होता है, ऐसे कई एआई अपनी स्वयं की व्यापारिक रणनीतियों को मिटा देंगे। उदाहरण के लिए: मान लें कि इनमें से 1 मिलियन एआई मौजूद हैं (वास्तव में, इससे अधिक लोग इसका उपयोग करेंगे यदि यह खरीद के लिए उपलब्ध हो गया)। सभी एआई तुरंत सर्वश्रेष्ठ एल्गोरिथम की खोज करेंगे और उस पर व्यापार शुरू करेंगे। यदि ऐसा हुआ, तो मात्रा का परिणामी प्रवाह रणनीति को बेकार कर देगा। एआई के बिना छोड़कर आज भी यही परिदृश्य होता है। वास्तव में अच्छी ट्रेडिंग रणनीतियों को कई लोगों द्वारा खोजा जा सकता है, फिर उपयोग किया जाता है और साझा किया जाता है जब तक कि वे लाभदायक नहीं होते हैं या उतने लाभदायक नहीं होते हैं जितने वे एक बार थे। इस तरह, वास्तव में अच्छी रणनीतियाँ और एल्गोरिदम अपनी प्रगति में बाधा डालते हैं।

तो, वे चुनौतियां हैं जो एल्गोरिथम ट्रेडिंग को एक सही, 4-घंटे का वर्कवेक, उष्णकटिबंधीय अवकाश-उत्प्रेरण, मनी-प्रिंटिंग मशीन होने से रोकती हैं। उस ने कहा, एल्गोरिदम निश्चित रूप से अभी भी लाभदायक हो सकता है। कई बड़ी कंपनियां और कंपनियां अपने व्यवसाय को पूरी तरह से लाभदायक ट्रेडिंग एल्गोरिदम से दूर रखती हैं। इसलिए, जबकि ट्रेडिंग बॉट्स को आसान पैसे के

रूप में नहीं सोचा जाना चाहिए, उन्हें एक अनुशासन के रूप में माना जाना चाहिए जिसे पर्याप्त समय और प्रयास प्रदान किए जाने पर महारत हासिल की जा सकती है। यहां एल्गोरिथम ट्रेडिंग के कुछ मुख्य आकर्षण दिए गए हैं और आप कैसे शुरू कर सकते हैं:

बैकटेस्टिंग

चूंकि एल्गोरिदम एक निश्चित इनपुट लेते हैं और तदनुसार प्रतिक्रिया करते हैं, इसलिए एल्गो व्यापारी ऐतिहासिक डेटा के खिलाफ अपने एल्गोरिदम का बैकटेस्ट कर सकते हैं। उदाहरण के लिए, पिछले उदाहरणों के साथ जा रहे हैं, यदि ट्रेडर एक्स एक एल्गोरिदम बनाना चाहता है जो ईएमए क्रॉसओवर पर ट्रेड करता है, तो ट्रेडर एक्स हर एक साल के माध्यम से इसे चलाकर एल्गोरिदम का परीक्षण कर सकता है कि पूरा बाजार अस्तित्व में है। तब रिटर्न की साजिश रची जाएगी, और स्प्लिट-टेस्टिंग के माध्यम से ट्रेडर एक्स एक सूत्र के साथ आ सकता है जो ऐतिहासिक रूप से वास्तव में टेबल पर पैसा लगाए बिना काम करने के लिए साबित हुआ है। इस तरह, आप अपने स्वयं के एल्गोरिदम का परीक्षण कर सकते हैं और विभिन्न चर के साथ खेल सकते हैं यह देखने के लिए कि वे समग्र रिटर्न को कैसे प्रभावित करते हैं। ट्रेडिंग एल्गोरिथम बनाने और उपयोग करने के साथ प्रयोग करने के लिए, इन वेबसाइटों को देखें:

जोखिम नियंत्रण

बैकटेस्टिंग जोखिम को कम करने का एक शानदार तरीका है। सबसे अच्छा विकल्प स्टॉप लॉस और ट्रेलिंग स्टॉप-लॉस के अनुशासित और शोधित उपयोग के माध्यम से है। इन दोनों उपकरणों को जोखिम प्रबंधन अनुभाग में विस्तृत किया गया है।

सादगी

बहुत से लोगों के पास एल्गोरिथ्म ट्रेडिंग की अवधारणाएं होती हैं जिनके लिए जटिल, बहुस्तरित, कोड की आवश्यकता होती है जिसमें कई, यदि एक दर्जन या अधिक नहीं, संकेतक, पैटर्न या ऑसिलेटर शामिल होते हैं। जबकि अज्ञात के लिए जिम्मेदार नहीं ठहराया जा सकता है, पेशेवरों और गैर-पेशेवरों द्वारा समान रूप से उपयोग किए जाने वाले सबसे सफल एल्गोरिदम आश्चर्यजनक रूप से जटिल हैं। अधिकांश में एक संकेतक, या शायद दो का संयोजन शामिल है। मेरा सुझाव है कि यदि आप एल्गोरिथम ट्रेडिंग में शामिल हो रहे हैं, तो आप इस स्थापित मार्ग का अनुसरण करें, लेकिन, यदि आप एक अत्यंत जटिल और बेहतर एल्गोरिदम की खोज करते हैं, तो मैं साइन अप करने वाला पहला व्यक्ति बनूंगा!

*क्रेडिट: पुस्तक, क्रिप्टो तकनीकी विश्लेषण

बिटकॉइन भविष्य को कैसे प्रभावित करेगा?

बिटकॉइन ब्लॉकचेन का पहला सफल बड़े पैमाने पर उपयोग का मामला था; ब्लॉकचेन भविष्य को कैसे प्रभावित करेगा, यह सवाल पूरी तरह से बिटकॉइन के संभावित प्रभाव की तुलना में बहुत बड़ा सवाल है, जिसमें से अधिकांश को पहले कवर किया गया है। यहां ऐसे क्षेत्र हैं जिनमें ब्लॉकचेन (और विस्तार से, बिटकॉइन) का एक बड़ा प्रभाव होगा या हो रहा है:

- आपूर्ति श्रृंखला प्रबंधन।
- रसद प्रबंधन।
- सुरक्षित डेटा प्रबंधन।
- सीमा पार से भुगतान और लेनदेन के साधन।
- कलाकार रॉयल्टी ट्रैकिंग।
- चिकित्सा डेटा का सुरक्षित भंडारण और साझाकरण।
- एनएफटी मार्केटप्लेस।
- मतदान तंत्र और सुरक्षा।
- अचल संपत्ति का सत्यापन योग्य स्वामित्व।
- रियल एस्टेट मार्केटप्लेस।
- चालान सुलह और विवाद समाधान।
- टिकट।

- वित्तीय गारंटी।
- आपदा वसूली के प्रयास।
- आपूर्तिकर्ताओं और वितरकों को जोड़ना।
- उत्पत्ति अनुरेखण।
- प्रॉक्सी वोटिंग।
- क्रिप्टोकरेंसी।
- बीमा/बीमा पॉलिसियों का प्रमाण।
- स्वास्थ्य / व्यक्तिगत डेटा रिकॉर्ड।
- पूंजी पहुंच।
- विकेंद्रीकृत वित्त
- डिजिटल पहचान
- प्रक्रिया/लॉजिस्टिक दक्षता
- डेटा सत्यापन
- दावा प्रसंस्करण (बीमा)।
- आईपी सुरक्षा।
- परिसंपत्तियों और वित्तीय साधनों का डिजिटलीकरण।
- सरकारी वित्तीय भ्रष्टाचार में कमी।
- ऑनलाइन गेमिंग।
- सिंडिकेटेड ऋण।
- और अधिक!

क्या बिटकॉइन पैसे का भविष्य है?

सवाल यह है कि क्या बिटकॉइन स्वयं "पैसे का भविष्य" है, अटकलें हैं; असली सवाल यह है कि क्या बिटकॉइन के पीछे की तकनीक और बिटकॉइन द्वारा प्रोत्साहित की जाने वाली प्रणालियां पैसे का भविष्य हैं। यदि ऐसा है, तो समग्र रूप से क्रिप्टोकुरेंसी में निवेश करना, साथ ही बिटकॉइन (हालांकि बिटकॉइन में% में विकास क्षमता छोटे सिक्कों के सापेक्ष सीमित है, इसमें पहले से ही धन की मात्रा को देखते हुए) एक बहुत अच्छा दांव है।

बिटकॉइन को ईंधन देने वाली प्रमुख तकनीक ब्लॉकचेन है, और बिटकॉइन द्वारा प्रोत्साहित की जाने वाली समग्र प्रणाली विकेंद्रीकरण की है। दोनों क्षेत्र उपयोग के मामलों के विस्तार की एक भीड़ में विस्फोट कर रहे हैं और प्रत्येक में जीवन के हर पहलू को प्रभावित करने की क्षमता है, भुगतान से लेकर काम तक मतदान तक। कैपजेमिनी इंजीनियरिंग को उद्धृत करने के लिए, "यह [ब्लॉकचेन] वित्त, स्वास्थ्य सेवा, आपूर्ति श्रृंखला, सॉफ्टवेयर और सरकारी क्षेत्रों में सुरक्षा और सुरक्षा में काफी सुधार करता है। ब्लॉकचेन तकनीक का उपयोग करने वाली कंपनियों में अमेज़ॅन (एडब्ल्यूएस के माध्यम से), बीएमडब्ल्यू (रसद में), सिटीग्रुप (वित्त में), फेसबुक (अपनी क्रिप्टोकरेंसी के निर्माण के माध्यम से), जनरल इलेक्ट्रिक (आपूर्ति श्रृंखला), Google (बिगक्वेरी के साथ), आईबीएम, जेपी मॉर्गन, माइक्रोसॉफ्ट, मास्टरकार्ड, नैस्डैक, नेस्ल6, सैमसंग, स्क्वायर, टेनेंट, टी-

मोबाइल, संयुक्त राष्ट्र, मोहरा, वॉलमार्ट, और बहुत कुछ शामिल हैं।[31] ब्लॉकचैन द्वारा संचालित या केंद्रित विस्तारित ग्राहक और उत्पाद इंटरनेट और ऑफ़लाइन सेवाओं के मुख्य पहलू में ब्लॉकचेन की निरंतरता का संकेत देते हैं। इस सब को ध्यान में रखते हुए, बिटकॉइन क्रिप्टोकरेंसी के भीतर प्रभाव डालने तक सीमित नहीं है, बल्कि, यह ब्लॉकचेन के युग की शुरुआत कर सकता है और संभवत: होगा। बिटकॉइन के पैसे और भुगतान का भविष्य होने के संदर्भ में, महत्वपूर्ण सवाल यह है कि सरकारें बिटकॉइन और क्रिप्टोकरेंसी के खतरे का जवाब कैसे देती हैं। कुछ, चीन की तरह, अपनी डिजिटल मुद्राओं को विकसित कर सकते हैं। कुछ, अल साल्वाडोर की तरह, बिटकॉइन को कानूनी निविदा बना सकते हैं। अन्य अभी तक क्रिप्टोकरेंसी को अनदेखा कर सकते हैं, या उन पर प्रतिबंध लगा सकते हैं। सरकारें जो भी प्रतिक्रिया करती हैं, तथ्य यह है कि उन्हें प्रतिक्रिया करने के लिए मजबूर किया जाएगा, इसका मतलब है कि बिटकॉइन प्रमुख था, जो एक तरह से या किसी अन्य, डिजिटल और ब्लॉकचेन-संचालित परिसंपत्तियों के सफल अनुप्रयोग के माध्यम से दुनिया के वित्तीय परिदृश्य को पूरी तरह से बदल देगा।

---

[31] फोर्ब्स के शोध के आधार पर।

बिटकॉइन अरबपति कितने लोग हैं?

यह जानना कठिन है कि क्रिप्टो स्पेस में या यहां तक कि क्रिप्टो नेटवर्क के भीतर कितने अरबपति मौजूद हैं क्योंकि होल्डिंग्स अक्सर कई खातों में विभाजित होती हैं। हालांकि, एक्सचेंजों को छोड़कर, $ 1 बिलियन या उससे अधिक के बराबर बीस बिटकॉइन पते हैं, और अस्सी बिटकॉइन पते $ 500 मिलियन या उससे अधिक के बराबर हैं।[32] यह संख्या आसानी से उतार-चढ़ाव कर सकती है, क्योंकि $ 500 मिलियन से $ 1 बिलियन के कई वॉलेट बिटकॉइन में उतार-चढ़ाव के साथ संरेखण में $ 1 बिलियन से अधिक हो सकते हैं, और जैसा कि उल्लेख किया गया है, बिटकॉइन बेचने वाले धारक या अपनी होल्डिंग राशि को विभाजित करते हैं, कई वॉलेट शामिल नहीं हैं। उस ने कहा, यह कहना सुरक्षित है कि कम से कम दो दर्जन खातों और कम से कम 1 दर्जन लोगों ने बिटकॉइन में निवेश करके $ 1 बिलियन डॉलर से अधिक कमाए हैं। दर्जनों और लोगों ने अन्य क्रिप्टोकरेंसी में निवेश करके सैकड़ों मिलियन या अरबों कमाए हैं।

---

[32] "शीर्ष 100 सबसे अमीर बिटकॉइन पते और ...." https://bitinfocharts.com/top-100-richest-bitcoin-addresses.html।

क्या गुप्त बिटकॉइन अरबपति हैं?

सातोशी नाकामोटो एक गुप्त और गुमनाम बिटकॉइन अरबपति का प्रमुख उदाहरण है। ऊपर दिए गए प्रश्न में (कितने लोग बिटकॉइन अरबपति हैं?), हम इस निष्कर्ष पर पहुंचे कि कम से कम 1 दर्जन लोगों ने बिटकॉइन में निवेश करके एक अरब डॉलर कमाए हैं। इस संख्या को देखते हुए, और तथ्य यह है कि लोकप्रिय बिटकॉइन अरबपतियों की संख्या को एक तरफ गिना जा सकता है (व्यक्तिगत लोग, निगमों सहित नहीं), यह अनुमान लगाया जा सकता है कि दुनिया भर में कुछ बिटकॉइन धारक बिटकॉइन अरबपति हैं जो सुर्खियों से बाहर रहे हैं। उस विचार को ध्यान में रखते हुए, आप किसी बिंदु पर, अपने दिन के बारे में जा रहे हैं और एक गुप्त बिटकॉइन अरबपति के साथ पथ पार कर सकते हैं।

क्या बिटकॉइन मुख्यधारा के गोद लेने तक पहुंच जाएगा?

यह एक दिलचस्प सवाल है। वर्तमान में, दुनिया का लगभग 1% बिटकॉइन का उपयोग करता है, हालांकि यह अमेरिका जैसी जगहों पर 20% और दुनिया के अन्य हिस्सों में 0% तक कम हो जाता है। एक क्रिप्टोक्यूरेंसी को मुख्यधारा और बड़े पैमाने पर अपनाने तक पहुंचने के लिए, इसे किसी प्रकार की उपयोगिता प्रदान करनी चाहिए। आम तौर पर, क्रिप्टोकरेंसी में मूल्य के भंडार के रूप में उपयोगिता होती है; लेन-देन की एक विधि, या नेटवर्क और विकेन्द्रीकृत संगठनों के निर्माण के लिए एक ढांचे के रूप में। बिटकॉइन अब तक की सबसे बड़ी और सबसे मूल्यवान क्रिप्टोकरेंसी है, लेकिन यह वास्तव में उन श्रेणियों में से किसी में भी सबसे अच्छी क्रिप्टोकरेंसी नहीं है। इसलिए, जबकि बिटकॉइन बिटकॉइन है (बहुत कुछ उसी तरह जैसे आप रोलेक्स की तुलना में एक सस्ती घड़ी खरीद सकते हैं जो बेहतर फिट हो और अच्छी दिखे, लेकिन आप अभी भी रोलेक्स के साथ जाते हैं) और बिटकॉइन के ब्रांड ने इसे बहुत दूर तक ले जाया है, यह दुनिया में क्रिप्टोकरेंसी के बीच स्थायी नेता होने की संभावना नहीं है। उस ने कहा, इसकी ब्रांड इक्विटी और पैमाने को देखते हुए, यह निश्चित रूप से बड़े पैमाने पर और मुख्यधारा के गोद लेने तक पहुंच सकता है, वर्तमान उपयोग के रुझान और क्रिप्टोक्यूरेंसी स्पेस में उपयोग के मामलों को देखते हुए।

क्या बिटकॉइन अन्य क्रिप्टोकरेंसी द्वारा लिया जाएगा?

मैं इसका उत्तर देने में उपरोक्त प्रश्न का उल्लेख करूंगा। बिटकॉइन, जबकि बड़े पैमाने और ब्रांड में बड़े पैमाने पर, वास्तव में क्रिप्टो स्पेस में किसी भी चीज़ में सबसे अच्छा नहीं है। यह मूल्य का सबसे अच्छा स्टोर नहीं है, यह पैसे भेजने और प्राप्त करने के लिए सबसे अच्छा नहीं है, और यह क्रिप्टो उपयोगकर्ताओं के संचालन और निर्माण के लिए एक ढांचे और नेटवर्क के रूप में सबसे अच्छा नहीं है। इसलिए, अल्पावधि में, बिटकॉइन के शुद्ध ब्रांड और इसके राक्षसी $ 1 ट्रिलियन मार्केट कैप को देखते हुए, इसे लेने की संभावना नहीं है। हालांकि, दशकों या शताब्दियों के भीतर, यह अन्य क्रिप्टोकरेंसी द्वारा पारित होने की संभावना से अधिक है क्योंकि यह ईंधन को विघटित करता है।

क्या बिटकॉइन PoW से बदल सकता है?

हां, बिटकॉइन निश्चित रूप से एक PoW (प्रूफ-ऑफ-वर्क) सिस्टम से बदल सकता है। Ethereum की शुरुआत PoW से हुई थी और इसके 2021 के अंत में PoS (प्रूफ-ऑफ-स्टेक) पर स्विच करने की उम्मीद है। स्विच एथेरियम को बहुत कम ऊर्जा-गहन और अधिक स्केलेबल प्रदान करेगा। बिटकॉइन के लिए इस तरह का संक्रमण निश्चित रूप से संभव है और कई लोग PoW से दूर जाने को अपरिहार्य मानते हैं।

क्या बिटकॉइन पहली क्रिप्टोकरेंसी थी?

सातोशी नाकामोटो का कुख्यात बिटकॉइन श्वेत पत्र 2008 में जारी किया गया था, और बिटकॉइन खुद 2009 में जारी किया गया था। इन घटनाओं को उनकी संबंधित तरह की पहली घटना के रूप में जाना जाता है; यह केवल आंशिक रूप से सच है।

1980 के दशक के उत्तरार्ध में, नीदरलैंड में डेवलपर्स के एक समूह ने बड़े पैमाने पर नकदी चोरी को रोकने के लिए पैसे को कार्ड से जोड़ने का प्रयास किया। ट्रक ड्राइवरों ने नकदी के बजाय इन कार्डों का इस्तेमाल किया; यह शायद इलेक्ट्रॉनिक कैश का पहला उदाहरण है।

नीदरलैंड प्रयोग के रूप में लगभग उसी समय, अमेरिकी क्रिप्टोग्राफर डेविड चाउम ने एक हस्तांतरणीय और निजी टोकन-आधारित मुद्रा की अवधारणा की। उन्होंने एन्क्रिप्शन में उपयोग किए जाने के लिए अपना "अंधा सूत्र" विकसित किया, और कंपनी डिजीकैश की स्थापना की, जो 1988 में बेली-अप हो गई।

1990 के दशक में, कई कंपनियों ने सफल होने का प्रयास किया जहां डिजीकैश नहीं था; जिनमें से सबसे लोकप्रिय एलोन मस्क का PayPal था। PayPal आसान पी 2 पी भुगतान ऑनलाइन पेश किया और ई-गोल्ड नामक एक कंपनी का

निर्माण किया, जिसने कीमती पदक के बदले ऑनलाइन क्रेडिट की पेशकश की (ई-गोल्ड को बाद में सरकार द्वारा बंद कर दिया गया था)। इसके अतिरिक्त, 1991 में, शोधकर्ताओं स्टुअर्ट हैबर और डब्ल्यू स्कूट स्टोर्नेटा ने ब्लॉकचेन तकनीक का वर्णन किया। कई साल बाद, 1997 में, हैशकैश परियोजना ने नए सिक्कों को उत्पन्न करने और वितरित करने के लिए कार्य एल्गोरिथ्म के प्रमाण का उपयोग किया, और कई विशेषताएं बिटकॉइन प्रोटोकॉल में समाप्त हो गईं। एक साल बाद, डेवलपर वेई दाई (जिनके बाद ईथर का सबसे छोटा संप्रदाय, एक वेई नाम दिया गया है) ने बी-मनी नामक "गुमनाम, वितरित इलेक्ट्रॉनिक कैश सिस्टम" का विचार पेश किया। बी-मनी एक विकेन्द्रीकृत नेटवर्क प्रदान करने के लिए था जिसके माध्यम से उपयोगकर्ता मुद्रा भेज और प्राप्त कर सकते थे; दुर्भाग्य से, यह कभी जमीन से नहीं उतरा। बी-मनी व्हाइटपेपर के तुरंत बाद, निक स्ज़ाबो ने बिट गोल्ड नामक एक परियोजना शुरू की, जो एक पूर्ण पीओडब्ल्यू (प्रूफ-ऑफ-वर्क) प्रणाली पर संचालित होती थी। बिट गोल्ड, वास्तव में, बिटकॉइन के समान अपेक्षाकृत समान है। इन सभी परियोजनाओं और दर्जनों और अंततः बिटकॉइन में नेतृत्व किया; इस कारण से, यह नहीं कहा जा सकता है कि बिटकॉइन कई अवधारणाओं और प्रौद्योगिकियों में सबसे पहले सच था जो इसे शक्ति प्रदान करता है। उस ने कहा, बिटकॉइन बिल्कुल और निस्संदेह सभी प्रौद्योगिकियों की पहली बड़े पैमाने पर सफलता है जो इसे शक्ति प्रदान करती है; बिटकॉइन से पहले हर एक कंपनी और परियोजना विफल हो गई थी,

लेकिन बिटकॉइन बाकी हिस्सों से आगे बढ़ गया और प्रौद्योगिकियों और अवधारणाओं के प्रति बड़े पैमाने पर वैश्विक बदलाव को उकसाया।

क्या बिटकॉइन कभी भी सोने के विकल्प से अधिक हो सकता है?

बिटकॉइन पहले से ही सोने के विकल्प की तुलना में "अधिक" है; यह सोने की तुलना में बहुत कम घर्षण के साथ एक वैश्विक लेनदेन नेटवर्क को शक्ति और सक्षम बनाता है। हालांकि, बिटकॉइन इस तथ्य में सोने की तुलना में बहुत अधिक है कि दोनों को मूल्य के भंडार और लेनदेन के साधन के रूप में माना जाता है। इस संबंध में, बिटकॉइन शायद कभी भी सोने के विकल्प से अधिक नहीं होगा, क्योंकि क्रिप्टोक्यूरेंसी के भीतर विकल्प एथेरियम जैसी तकनीक और मंच बन रहा है, जो उपयोगकर्ताओं को डीएपी बनाने के लिए अपनी प्रोग्रामिंग भाषा का लाभ उठाने की अनुमति देता है, जिसे सॉलिडिटी कहा जाता है। बिटकॉइन सिर्फ ऐसा कुछ करने के लिए नहीं है, और जबकि यह निश्चित रूप से सोने की तुलना में अधिक उपयोगिता है, यह कुछ हद तक "डिजिटल गोल्ड" होने की भूमिका में डाला गया है।

बिटकॉइन की लेटेंसी क्या है, और क्या यह महत्वपूर्ण है?

विलंबता लेनदेन के जमा होने के समय और उस समय के बीच की देरी है जिस पर नेटवर्क लेनदेन को पहचानता है; मूल रूप से, विलंबता अंतराल है। हर दस मिनट में एक नया ब्लॉक बनाने के लिए डिजाइन (प्रसारण टीवी के 5-10 सेकंड के सापेक्ष) द्वारा बिटकॉइन की विलंबता बहुत अधिक है। विलंबता को कम करने के लिए अनिवार्य रूप से ब्लॉकों को सत्यापित करने के लिए कम काम की आवश्यकता होगी, जो पीओडब्ल्यू के लोकाचार के खिलाफ जाता है। इस कारण से, बिटकॉइन की विलंबता को कम नहीं किया जाना चाहिए। उस ने कहा, एक्सचेंजों और एक्सचेंजों पर व्यापारियों (विशेष रूप से मध्यस्थता व्यापारियों) के लिए व्यापार विलंबता एक मुद्दा है; जैसा कि एचएफटी (उच्च आवृत्ति व्यापार) और एल्गोरिथम ट्रेडिंग क्रिप्टोक्यूरेंसी बाजार में चलती है, विलंबता बढ़ती महत्व रखेगी।

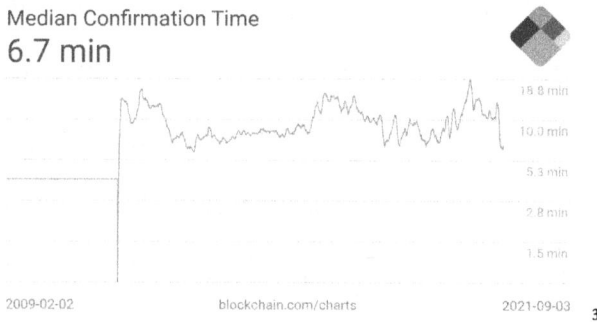

[33]

कुछ बिटकॉइन षड्यंत्र सिद्धांत क्या हैं?

बिटकॉइन (और विशेष रूप से सातोशी नाकामोटो) षड्यंत्र के सिद्धांतों के लिए एक परिपक्व वातावरण है; बस मनोरंजन के लिए, हम कुछ पर एक नज़र डालेंगे। निम्नलिखित पूरी तरह से काल्पनिक पर विचार करें, क्योंकि अधिकांश षड्यंत्र सिद्धांत हैं, और कोई भी विश्वसनीय नहीं है:

एक. *बिटकॉइन एनएसए या किसी अन्य अमेरिकी खुफिया एजेंसी द्वारा बनाया जा सकता था।* यह शायद सबसे प्रचलित बिटकॉइन साजिश है; यह दावा करता है कि बिटकॉइन अमेरिकी सरकार द्वारा बनाया गया था, और यह उतना निजी नहीं है जितना हम सोचते हैं। इसके बजाय, एनएसए के पास स्पष्ट रूप से SHA-256

---

[33] स्रोत: blockchain.com

एल्गोरिथ्म के लिए पिछले दरवाजे की पहुंच है और उपयोगकर्ताओं पर जासूसी करने के लिए इस तरह की पहुंच का उपयोग करता है।

दो. *बिटकॉइन एक एआई हो सकता है।* इस सिद्धांत में कहा गया है कि बिटकॉइन एक एआई है जो उपयोगकर्ताओं को अपने नेटवर्क को विकसित करने के लिए प्रोत्साहित करने के लिए अपने आर्थिक मकसद का उपयोग करता है। कुछ का मानना है कि एक सरकारी एजेंसी ने एआई बनाया।

तीन. *बिटकॉइन चार प्रमुख एशियाई कंपनियों द्वारा बनाया जा सकता था।* यह सिद्धांत पूरी तरह से इस तथ्य पर आधारित है कि सैमसंग में "सा", तोशिबा से "तोशी", नाकामिची से "नाका" और मोटोरोला से "मोटो", संयोजन में, बिटकॉइन के रहस्यमय संस्थापक, सातोशी नाकामोटो का नाम बनाते हैं। इसके लिए काफी ठोस सबूत हैं।

अधिकांश अन्य सिक्के अक्सर बिटकॉइन का अनुसरण क्यों करते हैं?

बिटकॉइन अनिवार्य रूप से क्रिप्टोकरेंसी के लिए आरक्षित मुद्रा है, या शेयर बाजार के लिए डॉव और एस एंड पी के समान है। क्रिप्टोक्यूरेंसी बाजार में लगभग 50% मूल्य पूरी तरह से बिटकॉइन के पास है, और

बिटकॉइन दुनिया में सबसे अधिक इस्तेमाल की जाने वाली और सबसे प्रसिद्ध क्रिप्टोकरेंसी है। इन कारणों से, बिटकॉइन ट्रेडिंग जोड़े Altcoins खरीदने के लिए सबसे अधिक उपयोग की जाने वाली जोड़ी है, जो अन्य सभी क्रिप्टोकरेंसी के मूल्य को बिटकॉइन में जोड़ती है। बिटकॉइन के नीचे जाने से Altcoins में कम पैसा लगाया जाता है, जबकि बिटकॉइन ऊपर जाता है जिसके परिणामस्वरूप Altcoins में अधिक पैसा लगाया जाता है। इन कारणों से, अधिकांश (सभी नहीं) सिक्के अक्सर (हमेशा नहीं) बिटकॉइन के सामान्य तेजी / मंदी के रुझानों का पालन करते हैं।

बिटकॉइन कैश क्या है?

जैसा कि पहले उल्लेख किया गया है, बिटकॉइन में एक पैमाने की समस्या है: नेटवर्क वैश्विक-गोद लेने की स्थिति में मौजूद बड़ी मात्रा में लेनदेन को संभालने के लिए पर्याप्त तेज़ नहीं है। इसके प्रकाश में, बिटकॉइन खनिकों और डेवलपर्स के एक समूह ने 2017 में बिटकॉइन का एक कठिन कांटा शुरू किया। बिटकॉइन कैश (बीसीएच) नामक नई मुद्रा ने ब्लॉक आकार (2018 में 32 एमबी तक) को बढ़ा दिया, इसलिए नेटवर्क को बिटकॉइन की तुलना में अधिक लेनदेन की प्रक्रिया करने की अनुमति मिली, और तेजी से। जबकि बीसीएच बिटकॉइन को बदलने या बदलने के करीब आने के लिए तैयार नहीं है, यह एक विकल्प है जिसने एक बड़ी समस्या को हल किया है, और मूल बिटकॉइन एक ही समस्या को हल करने के बारे में कैसे जाएगा, इसका सवाल हल होना बाकी है।

[34]

[34] सीसी बाय-एसए 4.0

मंदी के दौरान बिटकॉइन कैसे काम करेगा?

बिटकॉइन के पास मंदी के दौरान अच्छा प्रदर्शन करने का एक बड़ा मौका है, हालांकि यह एक निर्णायक जवाब नहीं है; बिटकॉइन 2008 के आवास संकट से उत्पन्न हुआ था, लेकिन तब से अभी तक किसी भी निरंतर और बड़ी आर्थिक मंदी का अनुभव नहीं हुआ है (COVID की गिनती नहीं है)। कई मायनों में, बिटकॉइन सोने के डिजिटल समकक्ष के रूप में कार्य करता है, और सोने ने ऐतिहासिक रूप से मंदी के दौरान अच्छा प्रदर्शन किया है (विशेष रूप से, 2007 से 2012 तक), और बिटकॉइन की कमी और विकेन्द्रीकृत प्रकृति इसे एक सुरक्षित-हेवन निवेश प्रदान कर सकती है मंदी, एक जो फिएट मुद्राओं और दुनिया की मुद्रास्फीति मौद्रिक प्रणाली पर सरकारों के नियंत्रण के अधीन नहीं होगा। यह भी ध्यान दिया जाना चाहिए कि बिटकॉइन ऐतिहासिक रूप से छोटे पैमाने के संकटों के दौरान बढ़ा है: ब्रेक्सिट, 2013 का कांग्रेस संकट और कोविड। इसलिए, जैसा कि पहले दावा किया गया था, बिटकॉइन शायद मंदी के दौरान अच्छा प्रदर्शन करेगा (जब तक कि मंदी इतनी खराब न हो जाए कि लोगों के पास निवेश करने के लिए कोई पैसा न हो, इस मामले में बिटकॉइन, साथ ही साथ सभी संपत्तियों, लाल को छोड़कर कुछ भी अनुभव करने की बहुत कम संभावना है)। किसी भी तरह से, मंदी की स्थिति में, बिटकॉइन (विशेष रूप से छोटे ऑल्टकॉइन) के अलावा अधिकांश क्रिप्टोकरेंसी निश्चित रूप से बड़े नुकसान का अनुभव करेंगी; अधिकांश

व्यावहारिक रूप से नक्शे से मिटा दिए जाएंगे। ऐसा परिदृश्य altcoins के लिए एक विशाल फ़िल्टर घटना होगी, जो समग्र बाजार के लिए बहुत स्वस्थ है।

क्या बिटकॉइन लंबे समय तक जीवित रह सकता है?

क्या विचार किया जाना चाहिए कि बिटकॉइन लंबे समय तक किस हद तक जीवित रहेगा; और गोद लेने और उपयोग किस हद तक बढ़ेगा। भले ही, बिटकॉइन अगले कुछ दशकों तक कुछ पैमाने पर मौजूद रहेगा; अगली कुछ शताब्दियों तक बड़े पैमाने पर चलने की संभावना नई प्रतिस्पर्धा और बिटकॉइन विकल्पों को देखते हुए असंभव है। फिर भी, यह निश्चित रूप से शीर्ष क्रिप्टोक्यूरेंसी बना रह सकता है जब तक कि क्रिप्टोकरेंसी आसपास है (विशेषकर यदि उन्नयन, जैसे कि प्रकाश नेटवर्क, लागू किए जाते हैं); पूर्व संभावना विशुद्ध रूप से इस तथ्य पर आधारित है कि अपनी तरह का पहला आमतौर पर अपनी तरह का सबसे अच्छा नहीं होता है, और पूरे इतिहास में अधिकांश मुद्राएं समय के किसी भी महत्वपूर्ण हिस्से के लिए (पैमाने पर) नहीं रहती हैं।

बिटकॉइन और क्रिप्टो का अंतिम लक्ष्य क्या है?

क्रिप्टोक्यूरेंसी की अंतिम दृष्टि निम्नलिखित को पूरा करती है:

एक. बिटकॉइन के लिए विशेष रूप से, उपयोगकर्ताओं को एक केंद्रीय संस्थान पर भरोसा किए बिना सुरक्षित फैशन में इंटरनेट पर पैसा भेजने में सक्षम बनाने के लिए, क्रिप्टोग्राफिक सबूत पर भरोसा करने के बजाय।

दो. बिचौलियों की आवश्यकता को खत्म करना और आपूर्ति श्रृंखलाओं, बैंकों, अचल संपत्ति, कानून और अन्य क्षेत्रों में घर्षण को कम करना।

तीन. मुद्रास्फीति, जंगली-पश्चिम (सरकारी नियंत्रण के संदर्भ में क्योंकि फिएट मुद्राओं को सोने के मानक से हटा दिया गया था) फिएट मुद्राओं के वातावरण के सामने आने वाले खतरों को खत्म करें।

चार. तृतीय-पक्ष संस्थानों पर भरोसा किए बिना व्यक्तिगत संपत्ति पर पूरी तरह से सुरक्षित नियंत्रण सक्षम करें।

पाँच. चिकित्सा, लॉजिस्टिक, मतदान और वित्त क्षेत्रों में ब्लॉकचेन समाधान सक्षम करें, इसके अलावा जहां भी ऐसे समाधान लागू हो सकते हैं।

क्या बिटकॉइन क्रिप्टोक्यूरेंसी के रूप में उपयोग करने के लिए बहुत महंगा है?

क्रिप्टोकरेंसी के लिए निरपेक्ष मूल्य काफी हद तक अप्रासंगिक है (साथ ही शेयरों के लिए, जैसा कि मैंने अन्य पुस्तकों में लिखा है)। हालांकि इस उत्तर को ट्रेडिंग नियमों में कहीं और शामिल किया गया है, मैं नीचे दिए गए प्रासंगिक अनुभाग को फिर से तैयार करूंगा:

यह देखते हुए कि आपूर्ति और प्रारंभिक मूल्य दोनों को सेट/परिवर्तित किया जा सकता है, कीमत स्वयं संदर्भ के बिना काफी हद तक अप्रासंगिक है। सिर्फ इसलिए कि Binance Coin (BNB) $500 पर है और Ripple (XRP) $1.80 पर है इसका मतलब यह नहीं है कि XRP की कीमत BNB के मूल्य का 277x है; दोनों सिक्के वर्तमान में एक दूसरे के मार्केट कैप के 10% के भीतर हैं। जब एक क्रिप्टोक्यूरेंसी पहली बार बनाई जाती है, तो आपूर्ति संपत्ति के पीछे की टीम द्वारा निर्धारित की जाती है। टीम 1 ट्रिलियन सिक्के, या 10 मिलियन बनाने का विकल्प चुन सकती है। XRP और BNB को देखते हुए, हम देख सकते हैं कि रिपल के प्रचलन में लगभग 45 बिलियन सिक्के हैं, और Binance Coin में 150 मिलियन हैं। इस तरह, कीमत वास्तव में मायने नहीं रखती है। $ 0.0003 पर एक सिक्का मार्केट कैप, परिसंचारी आपूर्ति, मात्रा, उपयोगकर्ताओं, उपयोगिता, आदि के मामले में $ 10,000 पर एक सिक्के से अधिक मूल्य का हो सकता है।

आंशिक शेयरों के आगमन के कारण कीमत और भी कम मायने रखती है, जो निवेशकों को कीमत की परवाह किए बिना किसी सिक्के या टोकन में किसी भी राशि का निवेश करने देती है। कीमत का एकमात्र बड़ा प्रभाव मनोवैज्ञानिक प्रभाव में निहित है, जिसकी जांच बिटकॉइन और altcoins का व्यापार करते समय की जानी चाहिए।

बिटकॉइन कितना लोकप्रिय है?

दुनिया के कम से कम 1.3% के पास वर्तमान में बिटकॉइन का स्वामित्व है, जो अस्तित्व में आधे अरब बिटकॉइन पतों में फैक्टरिंग करता है, जो इसे काफी लोकप्रिय बनाता है। इस संख्या में 46 मिलियन अमेरिकी शामिल हैं, जो आबादी का 14% और वयस्कों का 21% है,[35] जबकि एक अन्य अध्ययन में पाया गया कि 5% यूरोपीय लोग बिटकॉइन रखते हैं।[36] अधिक विशेष रूप से, हालांकि, वृद्धि

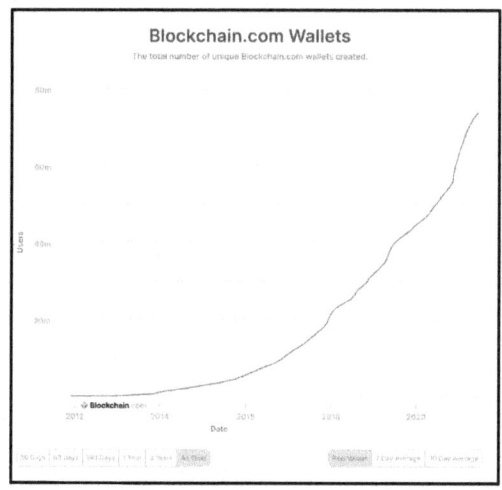

की घातीय दर है। 2014 में एक मिलियन से कम बिटकॉइन वॉलेट मौजूद थे, जो

---

[35] "संयुक्त राज्य अमेरिका के जनसांख्यिकीय सांख्यिकी ..."
https://www.infoplease.com/us/census/demographic-statistics।
[36] "• चार्ट: कितने उपभोक्ता क्रिप्टोक्यूरेंसी के मालिक हैं? | स्टेटिस्टा। 20 अगस्त 2018,
https://www.statista.com/chart/15137/how-many-consumers-own-cryptocurrency/।

तब से 75 गुना वृद्धि का प्रतिनिधित्व करते हैं, और प्रति वर्ष 10x (1,000%) की वृद्धि दर का प्रतिनिधित्व करते हैं

[37]इस तरह के रुझान रुकने का कोई संकेत नहीं दिखाते हैं, और विकास, अगर कुछ भी हो, तो केवल उठा रहा है। इसलिए, संक्षेप में, बिटकॉइन विशेष रूप से लोकप्रिय है और अगले कुछ दशकों में बड़े पैमाने पर गोद लेने के टिपिंग-पॉइंट तक पहुंचने की संभावना है।

---

[37] "Blockchain.com। https://www.blockchain.com/। 9 जून 2021 को एक्सेस किया गया।

पुस्तकों

- बिटकॉइन में महारत हासिल करना - एंड्रियास एम. एंटोनोपोलोस
- पैसे का इंटरनेट - एंड्रियास एम।
- बिटकॉइन स्टैंडर्ड - सैफेडियन अम्मोस
- क्रिप्टोक्यूरेंसी की आयु - पॉल विग्ना
- डिजिटल गोल्ड - नथानिएल पॉपर
- बिटकॉइन अरबपति - बेन मेज़रिच
- बिटकॉइन और ब्लॉकचेन की मूल बातें - एंटनी लुईस
- ब्लॉकचेन क्रांति - डॉन टैप्सकॉट
- क्रिप्टोएसेट्स - क्रिस बर्निस्के और जैक तातार
- क्रिप्टोक्यूरेंसी की आयु - पॉल विग्ना और माइकल जे केसी

बाजारों

- Binance - binance.com (अमेरिकी निवासियों के लिए binance.us)
- कॉइनबेस - coinbase.com
- क्रैकेन - kraken.com
- क्रिप्टो - crypto.com
- मिथुन – gemini.com
- eToro - etoro.com

पॉडकास्ट

- पीटर मैककॉर्मैक (बिटकॉइन) द्वारा बिटकॉइन ने क्या किया
- अनकही कहानियाँ (प्रारंभिक कहानियाँ)
- लौरा शिन द्वारा अनचाही (साक्षात्कार)
- डेविड नेज द्वारा बेसलेयर (चर्चा)
- नथानिएल व्हिटेमोर द्वारा द ब्रेकडाउन (लघु)
- क्रिप्टो कैम्प फायर पॉडकास्ट (आराम से)
- टेक पर इवान (अपडेट)
- HASHR8 व्हिट गिब्स द्वारा (तकनीकी)
- रयान सेल्किस द्वारा अयोग्य राय (साक्षात्कार)

समाचार सेवाएँ

- सिक्नडेस्क - coindesk.com
- कॉइनटेलीग्राफ - cointelegraph.com
- TodayOnChain - todayonchain.com
- न्यूज़बीटीसी – newsbtc.com
- बिटकॉइन पत्रिका - bitcoinmagazine.com
- क्रिप्टो स्लेट - cryptoslate.com
- Bitcoin.com – news.bitcoin.com
- ब्लॉकोनोमी – ब्लॉकोनोमी

चार्टिंग सेवाएं

- TradingView - tradingview.com
- क्रिप्टोव्यू - cryptoview.com
- Altrady – Altrady.com
- संयोग - Coinigry.com
- सिक्का व्यापारी - Cointrader.pro
- क्रिप्टोवॉच - Cryptowat.ch

यूट्यूब चैनल

¨ बेंजामिन कोवेन

हत्त्पस://वीवी।यूट्यूब।कॉम/चैनल/उकरवक-यूएक्स-डब्ल्यू0सोइग

¨ कार्यालय का कोना

हत्त्पस://वीवी।यूट्यूब।कॉम/सी/कोइनबुरेयु

¨ फोर्फ़लीज़

https://www.youtube.com/c/Forflies

¨ डेटाडैश

हत्त्पस://वीवी।यूट्यूब।कॉम/सी/दातादश

¨ शेल्डन इवांस

हत्त्पस://वीवी।यूट्यूब।कॉम/सी/शेलदोनेवन

¨ एंथोनी पॉम्प्लियानो

हत्त्पस://वीवी।यूट्यूब।कॉम/चैनल/यूसेब्सपेल8क्नयनव-

नक्ज़4एम2डब्ल्यू

- मंथन

    https://www.youtube.com/channel/UC7S9sRXUBrtF0nKTvLY3fwg/abou टी

- लार्क डेविस

    हत्पस://वीवी।यूट्यूब।कॉम/चैनल/यूसीएल2ओकाव8हदर_केबीकीडी2कलिया

- Altcoin डेली

    https://www.youtube.com/channel/UCbLhGKVY-bJPcawebgtNfbw

www.ingramcontent.com/pod-product-compliance
Lightning Source LLC
LaVergne TN
LVHW012020060526
838201LV00061B/4386
* 9 7 9 8 8 6 9 3 1 0 2 3 1 *